U0483428

山东省社会科学规划研究资助项目，批准号：22DTYJ03

网络社会中武术移动短视频传播的伦理问题研究

吴鲁梁 著

人民体育出版社

图书在版编目（CIP）数据

网络社会中武术移动短视频传播的伦理问题研究 / 吴鲁梁著. -- 北京：人民体育出版社, 2023 (2024.6重印)
ISBN 978-7-5009-6374-5

Ⅰ.①网… Ⅱ.①吴… Ⅲ.①互联网络—应用—武术—传播学—伦理学—研究—中国 Ⅳ.①G852-05

中国国家版本馆CIP数据核字(2023)第216069号

*

人 民 体 育 出 版 社 出 版 发 行
北京中献拓方科技发展有限公司印刷
新　华　书　店　经　销

*

710×1000　16开本　8.5印张　150千字
2023年12月第1版　2024年6月第2次印刷

*

ISBN 978-7-5009-6374-5
定价：45.00元

社址：北京市东城区体育馆路8号（天坛公园东门）
电话：67151482（发行部）　邮编：100061
传真：67151483　邮购：67118491
网址：www.psphpress.com
（购买本社图书，如遇有缺损页可与邮购部联系）

前 言

以互联网为核心的信息技术开辟了人类的第二生存空间，由此出现了对人类生存方式产生颠覆性影响的社会生活场域——网络社会。网络社会表现出与现实社会不同的运作逻辑与社会特性，经典的社会学理论正在逐渐丧失其原有的社会基础。网络社会中武术题材的移动短视频大量出现并广泛传播，这在促进武术传播的同时也出现了令人担忧的伦理问题。习武者约架、恶搞武术名家、扭曲武术历史、“武术大师”招摇撞骗等低俗化事件被大肆炒作，武术传播过程中忽视了传播的伦理道德，人们对武术这一中华传统文化“符号”的信任指数大幅度降低。然而，基于网络社会中武术移动短视频传播的伦理问题的研究尚未形成全面完善可靠的理论体系和丰富的研究成果，研究整体处于初步发展阶段。

本书对网络社会中武术移动短视频传播的伦理问题进行了系统研究，研究视角新颖。本书内容主要包括五个部分，分别是①网络社会中武术移动短视频的新传播特征；②网络社会中武术移动短视频传播的伦理问题表现；③网络社会中武术移动短视频传播的伦理问题成因；④网络社会中传播伦理问题规避的域外镜鉴；⑤网络社会中武术移动短视频传播伦理问题的规避之路。

第一部分网络社会中武术移动短视频的新传播特征，旨在探究武术移动短视频在传播主体、传播内容、信息受众、传播机制、传播效果、传播方式等维度形成的新特征。第二部分网络社会中武术移动短视频传播的伦理问题表现，分为“干扰武术的整体认知”“浅表层面的信息解码”“泛娱乐化”“道德失底化”“内容同质化”以及“群体极化”等主题对相关伦理问题进行静态分析，并结合武术移动短视频传播实例的演化过程，分成潜伏期→爆发期→蔓延期→反复期→缓解期→长尾期，系统分析武术移动短视频传播伦理问题不同发展环节间耦合关系与动态发展机制。第三部分网络社会中武术移动短视频传播的伦理问题成因，从传播主体、受众需求、平台运营、制度管理等层面探究相关问题的成因，从而形成较为立体的认识。第四部分网络社会中传播伦理问题规避的域外镜鉴，研究内容包括：①欧盟统一立法模式考察；②美国行业自律模式探微；③日本综合保护模式管窥；④网络社会中武术移动短视频传播伦理问题规避的域外镜鉴。第五部分网络社会中武术移动短视频传播伦理问题的规避之路，旨在对网络社会中武术移动短视频传播的伦理问题做学术回应。拟解决的内容：①网络社会中武术移动短视频传播伦理问题规避理念的应然建构；②网络社会中武术移动短视频传播伦理问题规避的思维方式转向；③网络社会中武术移动短视频传播伦理问题协同治理的实践策略。

通过本专著的出版，可以促进网络社会中武术移动短视频传播伦理的研究由社会实存的描述性解释向理论架构的设置转换，助益于武术传播方式的现代转型，助力于冲破武术移动短视频传播伦理问题的桎梏，从而更好地塑造网络社会中的武术形象。

目 录

1 引言

1.1 研究背景

1.1.1 武术信息传播与网络社会的深刻关联

20世纪90年代以来，网络技术的迅速发展彻底改变了人们生活、思维、交流、工作和娱乐的方式，为人类自身提供了更高品质的信息传递与交往服务，并导致社会生产、权力、经验和文化过程的实质性改变。尼古拉·尼葛洛庞帝在《数字化生存》一书中，开宗明义地指出:“计算不再只和计算机有关，它决定我们的生存。”①

当前信息技术进入到群众的生活体系并对社会运行产生深刻影响，由此催生了网络社会的建立与发展。戚攻在《网络社会学》中曾提出：在信息技术、通信技术和网络技术迅速发展与整合的过程中，人类正在创造和开拓着一种新的、不断迅速扩张的社会——网络社会②。互联网作为技术空间存在，它不仅仅是一个基于互联网技术架构的Cyber Society，更因为这种技术架构基础上存在着一个“作为社会结构形态的”Network Society③。网络社会之所以能够成为社会，是因为互联网技术将原子化存在的个体通过数字互联技术组织起来，形成了一个共同体，而在这个共同体内部，以数字化形式存在的人们通过网络技术展开了各种各样的交往和互动，并结成了各种各样的社会关系，由此赋予网络空间以社会的意义。互联网发展到今天，我们已经无法否认“在线”和“在世”都是

①尼古拉·尼葛洛庞帝. 数字化生存［M］. 胡泳，范海燕，译，海口：海南出版社，1997：11.

②戚攻，邓新民. 网络社会学［M］. 成都：四川人民出版社，2001：63.

③郑中玉，何明. “网络社会”的概念辨析［J］. 社会学研究，2004（1）：13-21.

世人的存在方式。网络社会无论是作为“基于互联网架构的电脑网络空间”①，抑或是“数字化的社会结构、关系和资源整合环境”②，都值得我们去认真关注。网络社会来源于以计算机为结点的“物的网络”与以人为结点的“人的网络”的复合，网络社会中的网络信息产品维系着生产、分配、交换和消费四个环节的关系，作为核心的网络信息产品被物化了。时下，人类生活的方方面面，从“吃住行”到“商养学”都与网络社会紧密相连，网络社会无论在政治、经济、文化、生活、教育、娱乐等方面都是不可取代的，这使得网络社会有着区别于现实社会的独特魅力。

现实社会是网络社会的基础，网络社会作为现实社会的反映和折射，与现实社会共同构筑了人类社会。人类利用数字化技术使现实世界中的武术信息转化成了网络上的武术信息，这个转化过程实际上也是一个生产过程，武术信息就是物质生产的资料。武术信息的发出者以现实社会中发生的武术事件为蓝本，以数字的形式对其进行编码形成信息，输入到网络社会中，主体在网络社会中对武术信息加以接收、交换，与他人产生联系。这是武术信息产生的过程，也是武术信息消费和武术虚拟社会实践的过程。正是因此，伴随着网络社会的兴起与快速发展，以网络社会为语境研究武术传播有着重要的现实意义。

1.1.2 武术移动短视频在网络社会中的广泛流行

移动终端深深扎根于人类的生活，用户在线时间快速增长。早在2006年，优酷网与土豆网联合推出微视频，但基于当时智能手机并未普及而且资费高、网速慢，所以微视频得不到受众青睐、打不开市场。在5G技术和智能化移动终端创新发展的强力支撑下，智能手机不再受限于宽带问题。时下，智能手机成为人们日常生活的必需品，手机不再仅仅局限于通话功能。可以说，网络技术的纵深发展、移动智能终端的广泛

①王晓霞. 现实与虚拟社会人际关系的文化探究［M］. 北京：中国社会科学出版社，2010：109.

②戚攻. 网络社会的本质：一种数字化社会关系结构［J］. 重庆大学学报：社会科学版，2003（1）：148-151.

普及和流量资费的降低助推了移动短视频平台的快速崛起。移动短视频App这一用户可以广泛参与的新型社交平台呈现高速发展势头，逐步构建起操作便捷、内容丰富、规模庞大的移动互联网世界，涌现了快手、抖音、美拍、西瓜视频等移动短视频平台。

2013 年被称为是移动短视频元年，这一年新浪推出秒拍、微视，快手转型短视频，此后美拍、小咖秀、一条、二更、梨视频等一大批移动短视频应用陆续出现。移动短视频视频时长一般介于 15 秒到 5 分钟之间，具有生产的快速化、简洁化、通俗化等特点。移动短视频如雨后春笋般快速发展并迅速风靡全国，成为网络社会的“新宠”。移动短视频媒体凭借其独特的碎片化、移动化、可视化、互动化的媒介性质顺应传播格局的变化趋势，逐渐成长为全媒体传播矩阵中举足轻重的一环，就此拉开了短视频纪元的序幕①。社交媒体、网络平台中快手、抖音和微视等移动短视频平台层出不穷，刷移动短视频成为不同职业人群、不同年龄段的常态现象。伴随着移动短视频传播内容的不断丰富，移动短视频为用户带来高清流畅的视觉观感的同时成为当之无愧的“流量之王”。当前，中国业已成为全球最大的移动互联网国家，民众甚至出现了“无视频，不生活”的生活常态。移动短视频及其衍生产品成为整个网络娱乐产业消费领域的核心支柱，并且可以预见在未来很长一段时间短视频将保持较高热度②。

伴随着智能手机成为当下炙手可热的武术信息传播载体，武术的传播阵地由现实社会逐渐转至网络社会，网络社会中的众多平台成为武术传播的重要媒介，武术移动短视频的产生是顺应时代科技发展的结果，由此重塑了武术信息传播的媒体格局。人们习惯于以网络空间所创造的独特话语符号及其思维方式来对武术事件做出态度反应，以至于如果现实社会的武术实践没有被网络媒介捕捉到，并转化为公共议题，它好像就不真正的存在。武汉大学媒体研究中心通过对6500万个抖音视频的分析发现，传播文化已成为抖音平台的主流话题之一，累计播放量过亿的话题共10个，涉及多个传统文化门类，其中武术在播放量最高的传统文

①刘鹏飞. 我国短视频平台的发展历程与走向［J］. 新闻与写作，2019（1）：81-84.

②杨德浩. 网络短视频的治安危害及治理研究［D］. 北京：中国人民公安大学，2022：1.

化门类中排在第四位。武术移动短视频这一视听传播方式成为乘势兴起的产业，可以说是方兴未艾，同时也为武术传播提供了新的发展机遇。武术移动短视频提供了透过屏幕看武术的平台，由此迎来了深化发展契机，为武术开启了“视频化生存”模式。时下，人们习惯于通过移动短视频来获取一些武术媒体信息或资源。武术移动短视频成为人们传递武术信息的重要手段，形成了蔚为壮观的发展景象。移动短视频社交 App 成为了继微博、微信之后又一个引领网络武术舆情发展的重要平台，成为可复制储存、转发利用的武术数字资源，有效增强了武术信息传播的效力，同时也令传统媒介黯然失色。

武术移动短视频以互联网技术为支撑，以移动短视频 App 为载体，以武术为视频素材开展作品加工，借此实现了武术信息的快速且直观的扩散，成为重新构造武术信息传播的结构性力量。传播学家麦克卢汉认为，技术变革不只是改变生活习惯，而且要改变思维模式。传播媒介不仅是文化生产与文化传播的工具，同时它还决定了文化类型、风格以及作用于社会现实的方式和范围。虽然文化是语言的产物，但是每一种媒介都会对它进行再创造。武术移动短视频的兴起是习武者参与网络社会的重要表现，媒介变迁带来的深远影响不容忽视。表面上看，媒介变迁仅仅是信息传播的工具，但实质上，改变了人们进行武术信息沟通和互动连接的方式，并对武术传播进行逻辑规制，对武术传播产生支配性影响。武术移动短视频具备强大的嵌入性和影响力，一定程度上，重新定义了武术的传播模式，打破了武术传播原有的秩序，促发了武术传播的整体性更新。可以说，武术移动短视频构成了武术传播转型的技术镜像。波兹曼曾提出“媒介即认识论”的观点，移动短视频促使人们认知武术的思维范式、逻辑方式发生相应改变。在这种背景下，武术如何借助移动短视频弘扬主旋律、传播主流价值观成为关键。正是因此，网络社会中武术移动短视频的传播现象值得审思。

1.1.3 网络社会中武术移动短视频传播的伦理问题亟须深入审视

移动短视频是一种新媒介形态，作为一种新的武术传播工具和助推器，有效激发了武术传播的活力，展现出强大的传播能力，带来了全新的武术文化景观。与此同时，网络社会中武术题材的移动短视频大量出现、广泛传播，这在促进武术传播的同时也出现了令人担忧的伦理问题，习武者约架、恶搞武术名家、扭曲武术历史、“武术大师”招摇撞骗等低俗化事件被大肆炒作，武术传播过程中忽视了传播的伦理道德，人们对武术这一中华传统文化“符号”的信任指数大幅度降低，使得武术舆情的传播面临较大风险，存在价值导向错位、内容低俗化、舆论偏离等内容失范乱象以及信息内容鱼目混珠、真假难辨等问题。武术移动短视频诱发的各类伦理问题也引起社会普遍关注。

摩尔在《什么是计算机伦理学》书中认为：人们之所以要研究网络伦理是因为在网络空间中存在着传统伦理所不能直接回答的一系列新问题，“存在一个道德政策的真空”。为了促进网络社会健康发展，就必须有网络伦理做保障。为此，应警惕武术移动短视频繁荣背后潜在的文化隐忧，这无形中加大了信息监督和管理的紧迫性。传播是人类社会最重要的信息交流方式，传播受制于社会道德，传播秩序的建立与维护需要伦理体系做支撑，具有社会道德功能，传播伦理应时而生。然而，基于网络社会中武术移动短视频传播伦理问题的研究尚未形成全面完善可靠的理论体系和丰富的研究成果，研究整体处于初步发展阶段，相关研究缺乏深入，这恰恰体现出本研究的价值所在。

1.2 前期研究成果的综述

1.2.1 有关网络社会的研究

1991年，荷兰学者简·范戴克（Janvan Dijik）在*The Network Society*一书中最早提出“网络社会”（Network Society）一词，至此，对网络的研究从技术视角逐步转向社会视角。国外最具代表性的研究当属曼纽尔·卡斯特（Manuel Castells）的关于网络社会的“信息时代三部曲”——《网络社会的崛起》《认同的力量》《千年终结》。网络技术起源于西方，西方有关网络社会的研究成果较为丰硕，如尼葛洛庞帝（Nicholas Negroponte）的《数字化生存》、埃瑟·戴森（Esther Dyson）的《2.0版：数字化时代的生活设计》、唐·泰普斯科特（Don

Tapscott）的《数字化成长——网络时代的崛起》、曼纽尔·卡斯特（Manuel Castells）的《信息时代经济、社会与文化》。相关研究普遍认为，网络技术使得社会发生了革命性变革，网络社会既是新的社会形态又是一种新的社会模式。

20世纪90年代末，我国开始出现有关网络社会的译著，有关网络社会的研究进入"西学东渐"的阶段。21世纪以来，国内关于网络社会的研究范围趋于广泛，这个时期，国内学者将研究的视线由西方转向东方，如刘文富等主编的《全球化背景下的网络社会》、郑洁主编的《网络社会发展问题研究》、何哲主编的《网络社会时代的挑战、适应与治理转型》、戚攻发表的《网络社会——社会学研究的新课题》《网络社会的本质：一种数字化社会关系结构》等学术成果。近年来，有关网络社会的研究推进到"沉潜反思""四面开花"的新阶段，秩序、规则、伦理、群体、权力、互动、资本等传统社会分析中讨论的主流议题陆续进入研究视野，继而出现了网络社会互动、网络社会伦理、网络社会分层、网络社会安全、网络社会交往、网络社会信任、网络社会舆情、网络社会管理、网络社会治理等研究方向。

1.2.2 有关网络伦理的研究

网络造就了虚拟空间，人在虚拟空间中的沟通与交往借助于虚拟化的思维，由此对人际互动模式和伦理关系造成冲击。国外有关网络伦理的研究形成了较丰富的学术成果，如乔尔·鲁蒂诺（Joel Rudinow）和安东尼·格雷博什（Anthony Graybosch）的《媒体与信息伦理学》、约翰·韦克特（J.Weckert）和道格拉斯·爱德尼（D.Adeney）的《信息与计算机伦理》、迈克尔J.奎因（Michael J.Queen）的《互联网伦理：信息时代的道德重构》。相关研究主要涉及网络伦理特征、网络伦理载体、网络伦理规范等，这对于本研究具有一定的参考价值。

我国在网络社会中探究伦理问题基本上是与中国20世纪90年代接入Internet同步。1997年，我国第一篇以"网络伦理"为关键词的论文《国外网络伦理问题研究综述》在《国外社会科学》第2期发表，本文从学术会议的研究机构、网络伦理教育课程、网络礼仪和规范和网络道德研究问题与主题四个方面对国外网络伦理问题研究现状作出分析。1998年，由严耕、陆俊、孙伟平合著的《网络伦理》一书公开出版，这是我国学者在网络伦理领域的首部专著。1999年由刘钢翻译的《信息技术的伦理方面》成为我国网络伦理方面的第一本译著。

21世纪初，伴随着网络技术迅猛发展，网络伦理问题层出不穷，国内学界对于网络伦理问题的研究开始盛行起来，相关论文、著作如雨后春笋般出现，如楚丽霞的《关于网络发展的伦理学思考》（《天津社会科学》，2000年）、段伟文的《网络空间的伦理反思》（江苏人民出版社，2002年）、张震的《网络时代伦理》（四川人民出版社，2002年）、黄寰的《网络伦理危机及对策》（科学出版社，2003年）、朱银端的《网络伦理文化》（社会科学文献出版社，2004年）、徐云峰的《网络伦理》（武汉大学出版社，2007年）、李俊文的《网络时代的伦理问题及其应对》（《思想教育研究》，2008年）、杨礼富的《网络社会的伦理问题探究》（吉林人民出版社，2008年）。与此同时，这个阶段，我国学术界成功建成了国内第一家网络伦理学专业网站“赛博风中华网络伦理学”网站（http：//www.cyberethic.com）。近年来，相关网络伦理研究已进入细化研究阶段，研究内容包罗万象，如网络“恶搞”现象的伦理媒介、“人肉搜索”现象背后的伦理学、网络“虚拟婚姻”的伦理困境话题等。总体来看，有关网络社会伦理的研究成绩斐然，研究视角不断开拓，学术规模不断壮大，研究内容愈加丰富，研究手段日趋成熟。

1.2.3 有关网络社会中移动短视频传播伦理的研究

1985年10月，美国著名杂志《形而上学》上同时发表了泰雷尔·贝奈姆的《计算机与伦理学》和杰姆斯·摩尔的《什么是计算机伦理学》，这两篇论文成为计算机伦理兴起的重要标志。网络社会中伦理问题的研究发端于计算机伦理学的研究。伴随着学术研究的不断深入，传播伦理这一现实社会中的主流学术议题进入网络社会的研究视野，出现了“网络传播伦理”研究方向。伴随着移动短视频成为网络社会中新的结构性力量，网络社会中移动短视频的传播伦理逐渐成为“网络传播伦理”研究方向的重要内容。网络社会中移动短视频传播伦理的研究大致划分为两个时期。

发轫期。早在1995年，拉斐尔·阿隆索（Rafael Alonso）等发表的*Managing video data in a mobile environment*一文中指出，提供移动视频是一项非凡工作，在实际广泛应用之前需要做通信与数据管理工作。移动短视频的出现得益于早在2011年在美国上架的Viddy社交软件，2012年之后国内以秒拍、美拍、快手为代表的移动短视频平台逐渐兴起。在中国知网以“移动短视频”为关键词进行检索，最早文献为2014年张梓轩等发表的《“移动短视频社交应用”的兴起及趋势》，本文提出移动短视频的出现伴有相当程度的不确定性，国内外没有成体系的先例，相关问题业界必须审慎探索。

深化发展期。2016年之后，移动短视频从“初露锋芒”快速发展成“流行趋势”，国内外有关移动短视频传播伦理的研究大量出现。对移动短视频中的娱乐化、低俗化、信息茧房、价值单一等伦理问题的关注度大幅度提升（张婉君，2016；Talim M，2017；贺艳，2019；李冠楠，2021），并从主体、制度、内容等方面探讨移动短视频伦理问题的解决路径（万玥，2018；徐杰，2021；李红丽，2022）。与此同时，就移动短视频在新闻报道（Chernova，2018）、城市形象塑造（接丹丹，2019；石丹，2020）、消费者购买意愿（Huang Y，2020）、新冠肺炎危机中的心理治疗（Abbass A，2020）、特殊儿童教育（靳少举，2021）、公共图书馆管理（辛海滨，2021）等领域应用过程中的伦理要点进行了探究。总体来看，网络社会中移动短视频传播伦理的研究成绩斐然，研究视角不断开拓，学术规模不断壮大，研究手段日趋成熟。

1.2.4 有关网络社会中武术传播伦理的研究

学界有关武术伦理的研究多以武德、武术精神为主题，以武术伦理为主题词的研究相对偏少。武术传播伦理的研究集中在现实语境。武术是中国本土项目，国外有关网络社会中武术传播伦理的学术研究较少、研究进展缓慢。有关网络社会中武术传播伦理的研究在时间跨度上较为集中，可以分为研究起步和快速发展两个阶段。

研究起步阶段。早在2004年，薛文忠、李蕾就注意到网络技术对武术传播的影响，并在《论网络媒体与武术传播》一文中作出前瞻性展望，提出加强武术信息资源管理、提高武术工作者自身素质等伦理规范。随后，国内零星出现了以网络社会为语境研究武术传播伦理的成果。唐韶军（2007）指出，通过电脑显示的武术信息容易被歪曲。曹宇（2012）指出，民间武术网站发展较为混乱。朱明泽（2015）指出，武术虚假信息网络传播过程中往往扰乱视听、误导受众。整体来看，本阶段的研究主题较为分散，主要关注于现象描述。

快速发展阶段。2017年之后，随着武术网络舆论事件的大肆炒作，网络社会中武术传播伦理的研究进入快速发展阶段。在宏观层面，进一步对武术网络传播带来的消极影响和优化策略进行探讨，认为人们往往借用武术来制造热点并赚取社会关注（吴思，2017；钢强，2021），武术“技”“理”传播失衡并降低了武术的精气神和艺术感染力（周吴超，2020），导致武术呈现出荒诞式的话语（刘中望，2021）；优化策略包括：培育优质武术自媒体人（周吴超，2020），建立官民对话机制并加强网络舆论监管机制（曹佳君，2019）等。与此同时，相关研究逐渐深入到微观的案例上，对习武者的网络社会行为进行了研究，如熊陛宸（2018）的《武术网络热点事件解读》、路云亭（2020）的《马保国现象：一个传统武术江湖人士的人设特征解读》。相关研究中初步涉及了武术移动短视频，杜玉彬等（2020）指出，武术抖音短视频存在官方传播主体缺失、“大师献丑”等问题，并从官方主体、抖音平台、政府等视角提出了治理设想；任煜恒（2021）指出，武术移动短视频的传播存在传播质量良莠不齐、武术乱象的放大化等伦理问题，提出建立正确的新媒体传播认知、提升武术视频核心竞争力等措施。

1.2.5 小结

随着武术传播媒介发生巨大改变，网络社会中武术传播伦理问题得到了学界重视。相关研究尚存在三个方面不足：①较少借鉴网络社会学、传播伦理学的学科知识，在理论构架和实践策略上不够系统深入；②研究存在较大程度的同质化，关注点往往停留在一般性描述上，对隐性机制关注较少；③武术移动短视频的传播伦理问题没有得到足够重视。由此可见，以现实社会为语境的武术传播研究已经落后于武术传播实践，以网络社会为语境研究武术移动短视频的传播伦理问题有着较大的深化空间。

1.3 研究价值

1.3.1 本课题相对于已有研究的独到学术价值

①有助于从新的视角构建科学性的研究框架。武术移动短视频作为新兴事物和新兴业态，在传播过程中存在一系列伦理问题，相关研究无论是从质量还是体量上来讲都较为稀缺。本课题对网络社会中武术移动短视频传播伦理问题进行系统研究，研究视角新颖、框架科学，可以促进网络社会中武术移动短视频传播伦理的研究由社会实存的描述性解释向理论架构的设置转换。②有助于促进武术传播理论体系的纵深发展。网络社会打破了传统媒介构建的信息壁垒，促进了武术移动短视频的广泛传播。本课题以民族传统体育学、网络社会学、传播伦理学为基础培育出新的学术增长点，可以促进武术传播研究的纵深发展。

1.3.2 本课题相对于已有研究的独到应用价值

①助益于网络社会中武术形象塑造。2018年8月习近平总书记在全国宣传思想工作会议上提出“我们必须科学认识网络传播规律，提高用网治网水平”。伴随着武术传播媒介生态的巨大变化，网络社会中，武术移动短视频的制作技术与其传播伦理监控处于失衡状态。本课题关切社会热点，助力于冲破武术移动短视频传播伦理问题的桎梏，从而更好地塑造网络社会中武术形象。②助益于武术传播方式的现代转型。移动短视频重新定义了武术信息传播的话语形式，成为武术信息交互的重要文本单元，这与口传身授、体悟交流等传统武术信息传播方式形成鲜明对比。本课题回应武术传播新境况，为业界把握移动短视频发展规律增加参考资料，助益于武术传播方式的现代转型。

2 网络社会中武术移动短视频的新传播特征

移动短视频的传播特征有别于经典影像，由此开启了独特的视觉传播模式。移动短视频又称网络短视频、短视频等，国外又称“Micro-video”或者“Short-video”。由于移动短视频是近年来网络社会中的新兴产物，学界对其尚未形成统一的概念。有关网站对短视频的定义是：“短视频是一种视频长度以秒计数，主要依托于移动智能终端实现快速拍摄与美化编辑，可在社交媒体平台上实时分享和无缝对接的新型视频形式。”《短视频行业发展研究报告》中对短视频的定义是“一种长度以秒计数，主要依托智能移动终端进行快速拍摄与编辑美化，从而实现在社交媒体平台上实时分享的一种新型视频形式”。腾云认为移动短视频是以网络移动智能终端为手段，依托移动短视频应用，时长几秒钟到几分钟，制作周期短、内容广泛，原创度高，形式自由灵活的一种移动社交新媒体①。移动短视频的概念根植于传统网络视频，时长是移动短视频构成的数据参数，但是一味地通过时长来量化视频的“短”太过于绝对。“移动”突出了短视频的传播特点，旨在说明打破了时空约束，可以随时随地制作、发布和观看。

移动短视频蕴含着巨大的变革力量和极大的传播优势，借助移动短视频“东风”顺势而起的武术移动短视频迎来了前所未有的发展机遇。移动短视频的媒介影响力全方位地重构着武术传播，呈现出和传统媒介迥然不同的特性，借此把武术传播提升至一个崭新的阶段，其影响之广可谓始料未及。移动短视频媒介的传播优势是以往任何传统媒体都望尘莫及的，伴随着日新月异的新媒介技术发展，不能仅仅将其理解为新技术的广泛应用，不能单单从技术性角度对其进行阐释，而应深入地探讨其所带来的传播生态特征，从而对网络社会中武术移动短视频的新传播

①腾云，楼旭东. 移动短视频：融合发展的新路径［J］. 新闻世界，2016（3）：41-43.

特征进行较为整体、系统的认识。网络社会中武术移动短视频的新传播特征主要体现在：多元化的武术移动短视频传播主体、场景化的武术移动短视频传播信息、广泛性的武术移动短视频信息受众、简洁性的武术移动短视频信息内容、交互式的武术移动短视频传播机制、即时化的武术移动短视频传播效果、自主化的武术移动短视频传播方式。

2.1 多元化的武术移动短视频传播主体

武术伴随着中国历史发展而来，武术历史生成的考察视野集中在中国传统社会。谈到武术传播，人们可能首先会想到“权威”与否、“正宗”与否，特别是在具体拳种的学习中，人们往往更倾向于去武术拳种的发源地寻求正宗传人来学习真传，其传播的价值和意义更容易得到人们的认同，比如去河南嵩山少林寺学习少林拳、去湖北武当山学习武当拳、去河南陈家沟学习太极拳……与此同时，在武术传播、传承过程中习武者较为注重祖宗的遗训、圣贤的教诲，人们评判技术动作之时的评判标准往往是“权威”与否、“正宗”与否，由此形成了“崇尚古老”和“崇尚圣贤”的文化习俗。这个观念形成于中国传统社会并影响至今，从侧面映射出传统社会中的武术传播格局。

在传播技术不发达的中国传统社会，武术有着约定俗成的传播秩序，是一种口耳相传、言传身教的单向传播。武术信息权力格局的历史生成受到中国传统文化中“尊师重道”思想的影响，武术按照师门伦理进行“论资排辈”，权威和正宗的主体往往由极少数个人组成，武术主流意识形态话语权往往由有较好社会声望的、权威的武术精英群体掌控，他们在武术信息权力中处于中心地位，垄断着武术公共话语权，占据武术传播话语权的制高点。普通习武者在传者面前往往处于“失语”状态，始终处于信息传递链条末端，话语空间以及话语无限扩张的可能性较小，以至于只要武术正宗传人发言，人们就会认为是对的，往往没有质疑声音。这体现出武术信息权力格局的一元主导现象，类似于属于“独白”性质的传播，促使武术信息传播处于不对等的状态。传统武术由于其特殊的传授方式和武德要求，师道尊严成为传统武术继承和发展过程中一种特殊的文化现象，导致了传授者成为习练者的绝对权威地位的形式[①]。传统出版时代，武术知识的生产者相对单一，往往是武术领域的权威性专家和学者。武术图书的出版流程相对复杂繁琐，导致武术信息传播的实效性不强，不能够及时解决武术发展过程中出现的新问题。在这种背景下，武术信息权力遵循自上而下的运行规则，由此形成了金字塔型的武术信息权力格局。

网络社会是建立在“IP协议、超文本链接和WWW用户接口”三个关键技术之上的开放系统。网络社会的技术架构有着多节点的特征，节点与节点之间是平等的、平行的，日臻完善的硬件和软件技术支持促使每个习武者都可以注册相关的ID账号，通过“发帖”“转发”“点赞”“评价”等线上发声渠道，跨越空间和时间实现无障碍的网络信息互动。网络社会中，传统意义上的公众身份被解构，被赋予网络特征后转化为网民[②]。网络社会在权力主体的变迁上，信息权力从边缘走向中心，权利主体从集中走向多元[③]。在网络技术的牵引下，很多移动短视频平台实行“个人账号+UGC”生产的模式，可以说，基于用户生成内容这一技术模式对于推动移动短视频的发展功不可没。用户生成内容（User Generated Content）是移动互联网世界中代表性的信息资源创作模式，基于用户生成内容的独特创作方式，社会各个结构层都可以通过移动短视频平台进行交流互通，使得用户随时随地可以传播武术信息，实现了武术传播主体的去专业化，体现为使用机会上的均等性。由此，习武者个体的社会交往骤然拓展，武术传播呈现裂变性发展，形成了可以以任意个人为中心节点的传播网络和汇聚民众对武术真实感受的“民间舆论场”，开创了“人人都是传播者”“人人都拥有麦克风”的局面。在这看似扁平的网络社会中，人人似乎都是中心，人人都可平等地发表武术言论，由此打破了以往的传者中心论和由于阶层固化所产生的不同群体之间难以交流的樊篱，突破了视频生产的专业壁垒与传播者专业化的局

①李旺华，白永正. 论传统武术的文化特征［J］. 山西师大体育学院学报，2001（2）：85-87.

②孙芳. 技术赋权背景下用户话语权的规训性与符号化特征［J］. 新闻知识，2021（8）：81-87.

③刘卫东，荣荣. 网络时代的媒介权力结构与社会利益变迁——以当代中国社会意识形态为视角［J］. 新闻与传播研究，2012（2）：20-27.

限，提升了普通习武者在与武术信息权力博弈中的位置，实现全民级别的互动与交流。

武术移动短视频更好地满足了用户的创作欲望，现代习武者在网络社会中借助武术移动短视频表达利益、传播思想成为普遍现象，以至于武术信息生产出来之后，其解释意义便转移到网民手中。这形成了多元主体参与的创作格局，建设了多元化的内容，具有建构丰富多彩、立体多维、富有生机与活力的武术形象的可能性与现实性，大有百花齐放、百家争鸣之势。这是网络赋权所带来的结果，使得每位习武者都有可能成为一个微小且独立的信息提供商，借此每位习武者都有了借助武术移动短视频评判武术、抨击武术时弊而成为武术代言人的可能，习武者的互动不再因过去有限的传播空间而被限定。在这种背景下，原来处于网络社会中信息弱势的"沉默的大多数"开始变得不再沉默，摇身一变成为了众声喧哗舆论场中的主角[①]，由此开创了新时代武术的"百家争鸣"。网络社会中武术移动短视频的诞生和快速发展改变了传统权力对信息资源垄断和社会上下层拥有信息资源的不对称关系，打破了中国传统社会由少数人操控武术信息权力的状况，促使武术信息权力下移并形成了多元化的武术移动短视频传播主体，可谓全民都是"武术媒体人"。

2.2 场景化的武术移动短视频传播信息

面对面的交往借助于固定、具体且唯一的物理空间。物理空间不可移动也难以复制，对传播的空间和时间有着严格的限定。相较于传统的文字、图片类武术出版物，网络社会中的移动短视频不是面对面的交互方式，而是以互联网技术为基础组织起来的社会形式。现实社会中，语气、动作、腔调、音量、手势、面部表情等非语言内容在文本中不能较好地表达。网络社会中，移动短视频博主依托虚拟现实技术，重新定义了视频传播的"语言规则"，为受众带来新的信息获取方式。网络社会中，网民嵌入到开放的关系链中，可以转发、评论、点赞和分享移动

①张林. 自媒体时代社会话语生态变迁：生成模式、主体形式与权力结构［J］. 理论导刊，2019（12）：68-72.

短视频，由此实现了对用户的虚拟陪伴，极大丰富了社交表达的语态。可以说，相对于文字、图片，网络社会中的移动短视频集声、文、图、画于一体，以动态图像变化的形式呈现在用户面前，营造了人的身体虚拟在场的场景进行传播活动，克服了图片静止重复、文字单一晦涩等弊端。由此，给用户带来了愉快舒适的、身临其境的沉浸式体验，更容易引起用户在情绪上的共鸣。

按照“媒介是人的延伸”的观点，武术移动短视频延伸了人们的双足、眼睛和耳朵，实现了多感官的延伸和多元场景的交替使用。动态的移动视频能够更加生动、形象地表现传播主体的主观认知，可以有效提升武术的趣味性和艺术表现力。武术移动短视频是信息可视化现象打破了物理空间的限制，其营造的数字场景能够将抽象的符号信息以更为直观的视频方式进行表达，构成一种复合了物理空间和数字空间的“超现实场景”，能够较好地吸引受众的吸引力。移动短视频是一种多维立体的信息传播方式，这种得天独厚的媒介形式带来武术信息传播的便捷性，把武术搬上手机荧屏以影像文本形成裂变式传播，过去的物理空间被打破，带来丰富和立体的体验感受。武术移动短视频在信息内容上涉及文字、图像、音视频等媒介载体，集动画、声音、文字于一体，场景中的信息是丰富的和立体的，可以使用眼神、表情、动作等非语言符号来传达习武者的意义，借此，实现了武术场景的分享与共在，为武术场景化传播提供了强烈支持。

网络社会中，在武术移动短视频的支持下武术场景可以移动、分享和跨时空共在，产生交往的共在感，体现出交往地域的无限性，实现了视、听、读的有机结合。相比图片和文字，移动短视频诉诸于“眼见为实”，更容易获取公众的信任。场景可以复制和分享，产生深远而持久的影响提升用户的武术参与意愿，提升武术传播的趣味性和公众的接受度。武术移动短视频带来高清流畅的视觉观感，在情感唤起方面能够很快激发人们的情感共鸣。浓郁地方特色的武术拳种进入网络社会，武术为动态性的身体活动，武术移动短视频增强了用户的沉浸式体验，产生了武术传播的共在感，实现了貌似在一起的场景统合。这类似于面对面的传播方式，使得传播内容变得生动而丰富，更有利于情感的表达，受众也因此获得真实的感观体验。网络社会中，武术移动短视频构建了丰富多彩的视觉空间供众人欣赏，通过丰富的视觉要素灵活而生动地呈现武术形象，产生超越语言的效用与魅力。

用户可对武术移动短视频内容添加文字、图案等文本类信息，以表达情绪及观点、突出移动短视频主题。与此同时，用户可以充分利用诸如背景音乐、同期声、特写镜头等表现手法来增强武术移动短视频的感染力，这有着声情并茂的传播效果，呈现震撼人心的视觉奇观、清新绚丽的画面，形成令人瞠目结舌的视觉效果。由此，武术移动短视频平衡了人类的感官，较好地展现了武术的审美特征。综上可见，网络社会中，武术移动短视频一定程度上既实现了具身传播的效果，又克服了实体传播的时空限制，实现了对传播主体的延伸，体现出“人性化趋势”的演化。

2.3 广泛性的武术移动短视频信息受众

网络社会是在遵循网络化逻辑的基础上由网络技术架构的社会生态。网络社会中，信息传播的核心语义泛化为信息的数字化表达，网络技术成为挑战传统信息权力结构的社会力量，为此人们将现时代称为“网络赋权时代”。网络社会中武术信息传播形成了一种散布型的网状传播结构，原有的权威化的武术信息权力格局逐渐被弥散化、节点化的网络媒介重新解构。

武术移动短视频作为互联网新兴产物，成为时代重要的影像存储方式。另外，在“云服务”的支持下，武术移动短视频实现了武术内容的永久储存。当下，移动短视频已经发展成为集娱乐、社交、内容于一体的平台，其传播实行去中心化的运营模式迅速吸引了公众。移动短视频视频内容详实、易于理解、界面便捷，提供了多样化的选择空间，是多维立体的信息传播方式，这满足了不同用户的异质性需求，业已成为人们传递信息、相互交流的重要渠道和人们消磨时光的重要方式。心理学研究表明，视觉显著性的信息更容易吸引注意力。武术移动短视频短小精悍的特性备受大众青睐，其播放只需要手指上下滑动的自然切换，增强了观看的易用性，体现出人性化的操作方式，大大拓展了武术传播的范围。另外，武术移动短视频内容的即开即播，突破了语言交流障碍，其以重点突出、内容生动等特点填补了人们的碎片化时间。武术移动短视频的内容生产数字化带来了强烈的互联网虚拟体验，拓宽了群体的关注度，提升了受众的参与感。

武术移动短视频是一种全新的“高维媒介”，具备强烈的公共化属性，有着动态图像的趣味性优势，其简便传播手段让用户爱不释手，得到了受众的青睐，借此也体现出独特的传播动力。移动短视频拥有动态的画面，有效拓展了武术多维度的话语叙事，适应当下碎片化的传播特点，能够有效满足现代人的观赏需求点，武术的功能和价值也得以挖掘和提升。

2.4 简洁性的武术移动短视频信息内容

从传播媒介来看，武术传播发展历史大致经历了语言时代、文字时代、二维的图片时代、三维的视频时代。传统武术文本充斥专业词汇，对于普通的公众理解度和接受度都非常有限。既往的武术传播渠道以单一静态文字或图片为主，武术信息的表达相对专业，甚至晦涩，大众只能进行静态化阅读，这也给予大众武术理论晦涩和枯燥无趣的印象。

20世纪70年代，丹尼尔・贝尔就指出“当代文化正变成一种视觉文化，而不是一种印刷文化，这是千真万确的事”①。詹姆逊提出“整个文化正在经历一次革命性的变化——从以语言为中心转向以视觉为中心”②。网络社会中，有人提出了“无视频，不网络”的口号，移动短视频成为大众“掌上阅读”的重要形式。移动短视频的创作不同于电影和电视剧，技术操作的简单化可极大刺激用户的传播欲望，这一技术模式下，习武者在网络社会中具备了武术信息浏览者、武术信息创造者、武术信息传播者的多重身份，每个人都有自己的“麦克风+舞台”。

技术成熟是武术移动短视频传播的基础，网络社会有着普泛化、

①丹尼尔・贝尔. 资本主义文化矛盾［M］. 赵一凡，蒲隆，任晓晋，译. 上海：生活・读书・新知三联书店，1989：156.

②弗雷德里克・詹姆逊. 快感：文化与政治［M］. 王逢振，陈水国，译. 北京：中国社会科学出版社，1998：2.

平民化、低门槛的技术特征，大大降低了公众获取武术咨询的成本。网络社会中，武术移动短视频打破了传统的采编程序，有着便捷的图像处理技术，降低了用户参与武术移动短视频传播的门槛，有效地改变了用户的体验，更好地满足用户的多样性需求，大大提升了网络社会中的交互能力、主观能动性和传播的潜力。移动短视频拍摄、编辑和剪切十分简单便捷，智能手机兴起后的随手拍不需严格遵循传统视频的叙事逻辑和形式框架，几乎消解了视频制作技术上的壁垒，移动短视频的使用门槛较低，容易加载和上传，任何人都可以通过智能手机、平板电脑等移动设备拍摄移动短视频，拍摄的设备和对画面的处理等都很业余，然而业余成为美学的新视角，草根文化在其中大放异彩。即时拍摄、即时分享，并且在抖音、快手和微视等平台上快速发布，以用户生成内容为核心的“短平快”操作方式使用户从信息的被动接受者成为了信息的主动生成者，为大众百姓提供了一个展现自我的舞台，极大地激发了用户的创作热情，人们的主体意识空前高涨。习武者用移动短视频来记录武术的点滴，内容简短，通过重点突出、简短精悍的浓缩性表达，促使用户在短时间内接受较多的武术讯息。武术赛事精彩瞬间的播放，习武者日常训练分享，武术知识普及等。在有限的碎片化时间内，有效满足了公众获取信息资讯的需求，有效感受武术的魅力。

经济学家哈尔·范里安认为，全世界的信息正以每年66%的速度增长。移动短视频去精英化的形式是充满个性化的、是个体主义的，可谓是“千人千面，百花齐放”，简洁性的武术移动短视频信息内容迎合了大众快节奏生活、碎片化阅读的需要，有效地填补了用户的碎片时间，克服了长篇大论的叙事，形成了一种新的社会语言形态，迎合了当下用户持续使用互联网时间越来越短的行为特点。综上可见，武术移动短视频通过对武术内容的生动性演绎提高了武术传播的易读性，促进武术多样化的文化呈现与文化碰撞，对武术舆论有着潜在性的引导作用。

2.5 交互式的武术移动短视频传播机制

中国传统社会中，习武者运用自己的天然器官传播武术信息，因事设喻，偏爱感官的视觉和听觉。口语传播存在固有的缺陷，一方面，由于人体自身的限制，声音传递的距离存限，不利于信息大范围的传递；另一方面，口语的音声符号转瞬即逝，不利于信息的记录和保存，大脑发挥流动图书馆的作用容易出现信息接受的不完整和不顺畅现象。在这种背景下，普通民众的武术信息处于匮乏状态，武术传播效率低下。

国家有界，网络无界。网络信息技术是一项面向全球的产品，打破了现实生存中的阶层壁垒等因素，获得建立更广泛的社会连接的可能。网络社会削弱了传统的社群关系，以地缘和血缘为纽带的传统社会被逐渐瓦解。网络化使得处于世界上不同地方的的计算机或者电子终端设备按照一定的网络协议被互相连接起来，达到用于可以共享资源信息的目的，由此实现了多向互联、高效流畅的信息传递。人们足不出户就可以快速地了解外面的世界，扩大了个体实践和认知的能力，这也即是“天涯若比邻”“地球村”等诸多提法的来历。全球多家数字新闻研究机构的报告显示，已经趋于稳定的社交媒体使用率在新冠肺炎疫情期间再度呈现大幅上升之势①。

传统媒介对武术的传播是至上而下的单向传递，而移动短视频提供了对话式的交流传播，形成内容与评论的嵌套式结构，具有明显的双向互动特点，构建了交互传播的应用场景。武术移动短视频具有强烈的社交媒体属性，这为武术创造了极佳的数字化传播环境，形成了新型的传受关系。人们的网络交往进入重要的图像时代，个体传播的地位大大提升，互动性成为重要的体验。国外学者劳伦·J.汤普森（Lauren J Thompson）指出移动短视频具有明显的社交属性，在数据信息的传递推广中起到重要作用②。用户将武术移动短视频上传至网络社会中便可以实现视频的共享，用户并非被动接受网络讯息，可以在评论区进行即时性的对话，最大程度缩短传者和受众间的传播隔阂。通过点赞、评论、转发等方式互动成为常态，带来习武者交往方式的改变，大众从“被动阅读”转向“互动阅读”，发送和接受是交错复杂的行为，创造了新一代社交语言，彰显了受者的主体角色。由此，武术移动短视频打破了传统

①高金萍. 中国国际传播的故事思维转向［J］. 中国编辑，2022（1）：10-14.

②Laura J Thompson. Using Short，Silent “Data Story” Videos to Engage Contemporary Extension Audiences［J］. Journal of Extension，2018（03）：56.

视频“单向凝视”的桎梏，赋予用户最直观的参与权，大大颠覆了传统的武术传播方式。网络的赋权功能为单向的宣传转变为对话协商提供了技术支持，知识生产者和接受者的边界逐渐消失，接受者同时是传播者和生产者，二者可以更好地实现意见和观点的交换。习武者主体高度的参与性使其自身既是信息知识的生产者、传播者，也是信息知识的消费者，也就是说个人主体不仅是网络内容的选择者与浏览者，也是网络内容的创造者与传播者，借此获得了更好的互动感与沉浸感。

网络社会中，武术信息权力格局的变迁把海量的用户聚集在一起，通过网络社会实现了跨障碍集结，拥有了更广泛的言论自由和话语空间，针对武术信息生产主体、交往互动的主体和信息发布渠道愈加多元化，由此海量的武术信息在开放中呈现。网络社会也因此成为一个有着复杂多元文化意识的舆论场。如传统武术习练者使用自身的武术信息权力试图为传统武术正名，以防止传统武术污名化；而搏击支持者又试图通过诋毁传统武术的技击性，而凸显现代搏击的技击实效性。每种观点从不同角度出发，各有道理，促使多元化观点的相互碰撞，激荡出更多火花。另外，以热点事件为导火索，针对武术发展问题展开热议。如网络社会中出现了“在全力反抗的对手身上反复实践可行性高的技术，要远远好于在配合的对手身上练习致命但可行性低的技术”[①]“文学作品和影视剧刻意夸大了中国武术的威力”的观点。如标题“中国传统武术在现代搏击面前真的不堪一击吗？”[②]也形成了多元的观点，如“传武缺乏实战平台”“对于任何格斗技术而言，不在真正的实战中实践自己的技术，就跟完全没练过一样”等观点不乏真知灼见。在思想文化交锋、意识形态博弈过程中出现各种脑洞大开的评论，其中也蕴含着一些真知灼见，促进了武术信息发展形成持续创新的态势，促使武术信息传播向着自由的方向前进。

在多元的互动过程中，信息传播由单线性向多元主体间交互模式转变，多元信息传播主体相互影响彼此的观念，这有助于信息的均衡化传播，并构建出多元化的意义。长此以往，逐渐形成不同的意见流，跨

①https：//www.optbbs.com/forum.php?mod=viewthread&tid=14397673&ordertype=2

②https：//www.zhihu.com/question/35410205

越时空的多向交互式信息传播更趋频繁。这有助于武术信息的均衡化传播，在传递社情民意方面有着建设性功能，并对政府决策的干预呈现常态化，由此倒逼着政府部门的介入，以促进相关问题的解决。在这种背景下，政府决策之时不得不考虑普通民众的反应，促使相关事件向着民众期待的方向发展，有助于增强公共决策的公平性。如传统武术信任危机事件就是发酵于网络媒体，而在事件的发展过程中，普通习武者甚至决定了事情的走向。

2.6 即时化的武术移动短视频传播效果

纵观整部人类交往史，时空一直是限制人际交往的主要障碍。中国传统社会中，习武者思想上的交流只能通过面对面或借助书籍、书信进行，这种沟通的方式让不同地区的习武者沟通起来非常不顺畅。现实社会因交流媒介的局限、时间和空间的限制等原因导致信息传递低效。网络社会提供了一个超越时空的交往平台，人们可以不受地理空间的束缚，世界俨然成为了“地球村”，超出了原来那种有限的社会交往的范围，瞬息传达的网络速度使得人们相距千里之外仍旧感觉近在咫尺，信息的传播可以在短暂时间内快速地传播到世界的各个角落，大大缩短个体获取、理解和交换信息的过程，提高认知和实践活动的效率和质量。这使得现实生活中毫无联系、互不认识的个体可以有机会接触，由此加快了社会的运转效率。在网络技术的赋权下，人们在网络社会中进行数字化生存，更强调交往与思维的共时态、即时性，而缩略甚至遮蔽它们的历时态。这提升了生动体验性，实现了信息和传播的无缝衔接，减少了武术信息传播的成本。

网络技术解构了现实物理空间，分化了线性时间，减少了网民对物理条件、时间因子的依赖。网络社会拥有覆盖全球的巨型网络，网络主体不再受限于传统的物理时空，出现了“去地方化”和“信息化在场”的脱域性现象，不同地域和职业、不同性别和年龄的习武者可以随时随地在网络社会中集聚，实现了跨越空间的即时互动和跨越时间的隔空对话，使得武术与其他国家的技击项目的融合加快。这不同于地方空间中在场交往行为，促使习武者摆脱了以往“物理性在场”的必要性束缚，扩大了习武者交往的时空范围，降低了习武者交互行为的成本，体现出时间维度上的泛在性，“天涯若比邻”的描述在网络社会中得以真实展现。网络社会更有利于武术信息传播者主体间的互动，习武者可以即时即地、不受时空以及场景的限制，借助即时通讯、电子邮件、论坛贴吧等形式，通过身体离场的状态嵌入到网络社会中去，习武者的日常社会交往方式以及社会连接方式发生巨大变化，相关武术现象和武术观点能够第一时间出现在网络平台上。在这个过程中，最形象的例子莫过于人们通过即时通信工具（微信、QQ 等）的视频聊天了，虽然身体缺席了，但身体的具象（音容、笑貌等）却以符号化的形式在场，从而实现了即时交流，达到了武术信息权力效应的即时化。网络空间中的信息权力，是缺场的网民通过网络发布自己的观点、评论时事、传递有价值倾向的消息，在相互交流和互动中影响到人们思想观念、价值追求和社会行动的权力[①]。当时间和空间都发生了变化，社会变化的深度与广度也就可想而知[②]。移动短视频时长常以“秒”计时，用户拍摄的移动短视频承载着丰富的信息，信息内容价值密度高、篇幅短，方便人们在较短较碎的时间里观看，用简短的移动短视频内容给用户直面带来了大量信息。网络社会中，习武者以高度集成的信息形式交流，信息阅读更便捷、省时、高效，极高效率进行网上人际交流，由此凸显了武术信息权力效应的即时化特征。

武术移动短视频提供了全新的社会交往环境，同时也带来人们对武术认知方式的改变，足不出户便可以目接千里，视觉和听觉得到了无限延伸，人和人之间的交往从线下的面对面交谈转换到以数字化为载体的媒介交流。在身体缺席的情况下形成的“不在场”传播，交流建立在“符号”之上，形成的新型人际互动场所影响人类的洞察力、理解力和价值观，以口传身授为中心的范式转向以图像为中心的范式。这是网络赋权的结果，降低了武术信息传播的技术壁垒和成本，加快了武术传播的信息呈现指数和武术信息权力的变迁速度。

---

①翟岩. 网络化时代社会权力结构的变迁与重构［J］. 福建师范大学学报：哲学社会科学版，2020（3）：111-116.

②刘少杰. 网络交往的时空转变与风险应对［J］. 社会科学战线，2022（4）：227-233.

2.7 自主化的武术移动短视频传播方式

创新、自由、平等、开放、共享”是网络社会的核心价值理念，保守封闭的思维和网络社会是格格不入的，这是对信息不对称状态的纠偏，充分体现出对个体的充分尊重。只要手持智能手机，就可以在任何地点、任何时间通过武术移动短视频在网络社会中展示自己。普通习武者可能是互动信息和相关武术新闻事件的报道者，由此打破了传者与受者之间的二分法。武术精英群体与普通习武者在武术信息权力方面有着复杂的控制与反控制、渗透与反渗透的博弈关系。网络传播的反馈性更强，更具有平等对话的特质，甚至提出“互联网的哲学就是对话”。网民在回帖跟帖的过程中形成了互动链条，用户之间通过点赞、评论、私信和转发建立虚拟社交关系。这形成广泛的平面化和横向传播效应，传统的信息传播结构模式崩解，从“点对面传播”逐渐转化为“点对点传播”，信息传播扁平化这使得习武者的传播权利与传播义务走向了同一化。

伴随着现代性的不断深入，现代人的主体意识空前高涨。大众自主传播的兴起为习武者表达观点、呈现诉求提供了较好的平台，习武者能够随时发布和接受武术信息，可以畅所欲言的自主表达，展现了“自我主动赋权的能动性力量”。网络社会中，精英群体一定程度上对信息生产权、传播权的垄断被消解，普通个体的传播主动权明显加强①。UGC（User Generated Content）即用户生成内容，是Web2.0 时代新兴的网络信息生产和传播模式，泛指用户将自身的原创内容在网络社会中公开传播，体现出制作方式的非专业化，内容传播渠道非权威主流传播渠道。在UGC模式的支持下，移动短视频是无门槛的信息传播平台，任何人都可以发布移动短视频。网络社会中，武术舆论事件是武术信息权力关系以及运作的重要表现形式，在武术舆论的生成和发展过程中习武者被赋予了更大的武术信息传播自由权，自由地对武术表达、讨论和争辩，人们选择和接触武术信息的自主权和阐释权不断加大，一定程度上体现了

①许鸿艳，金毅. 互联网：技术赋权与景观控制［J］. 华南师范大学学报：社会科学版，2021（5）：165-176，208.

社会平等化和资源均等化，使多样化的意见交流成为可能。这革新了武术行为主体思想表达、互动交流、参与社会生活的原有形式，营造出民主、自由的气氛，大大增强了习武者舆论表达意识。由此一来，习武者的主体意识空前高涨，迸发出前所未有的热情，进而对传统武术信息权力格局产生冲击和挑战。网络社会中武术信息权力从传统权力运行模式中剥离出来，改变了信息传递从上至下单向传播的通路，改变了传统武术信息权力格局的一元主导，形成自下而上且阵容庞大的信息力量，导致武术信息权力格局的大反转。

3 网络社会中武术移动短视频传播的伦理问题表现

伦理是对道德现象的哲学思考，关涉着道德规范的标准、原则和价值旨意，是告别野蛮进入文明的标志之一。《说文解字》曰："伦，从人，辈也，明道也；理，从玉，治玉也。"其中，"伦"字含辈分、类别、秩序之义，"理"字含治理、条理、道理之意，后引申为规律和规则。"伦理"二字合用，最早见于《礼记·乐记》"乐者，通伦理者也"，意为人伦关系之理，即调整客观人伦关系的条理、道理、规则。从词源的角度来看，所谓伦理就是人际关系事实如何的规律和应该如何的规范，或者说，伦理就是指人们处理相互关系时应该遵循的各种道德准则。伦理秩序问题说到底是人在生存状态中应该持有何种态度，做出何种行为。网络伦理的出现开辟了伦理学研究的新视野，网络伦理产生的基础是网络社会。

麦克卢汉（Marshall Mcluhan）的名言"媒介即讯息（Medium is the message）"。随着互联网技术的快速发展，信息的传播媒介发生了巨大的改变，从电子信箱、播客、论坛社区等基于新的信息网络技术的媒体形态层出不穷。武术移动短视频从众多的短视频中脱颖而出，造成程度不等的困扰，武术传播陷入移动短视频迅猛发展的漩涡中，出现一系列伦理问题。武术移动短视频传播形势更为复杂多变，促使人们认识武术的方式发生悄悄改变，存在一些令人担忧的问题，做出有悖道德伦常的事情。相关问题已经超越了技术的范畴而成为伦理问题，对传统社会的伦理规范带来了强大的冲击，导致现实生活中的一些伦理规范在网络社会中"水土不服"，尤其是滋生了诸多传播伦理问题，并体现为对人文精神的绑架。相关现象违背传播伦理引发大量网友围观，进而扩散传播，引起的危害不容小觑。基于此，以参与式观察的方式跟踪移动短视频智能手机软件的发展状况和用户体验，对快手、美拍、秒拍、抖音等多款应用的技术应用框架变迁、用户内容生产与发布进行观察，在此基础上开展相关研究，从而探究武术移动短视频传播生态浮华背后的文化隐忧。拟解决的内容：①网络社会中武术移动短视频传播伦理问题表现的静态分析。②网络社会中武术移动短视频传播伦理问题表现的动态分析。

3.1 网络社会中武术移动短视频传播伦理问题表现的静态分析

武术移动短视频传播伦理问题，主要是指武术移动短视频在传播过程中做出背离传播伦理规范的行为，这些行为对武术、他人和社会造成了消极影响。视角聚焦于微观层面，相关问题主要表现为：武术移动短视频在传播过程中干扰受众对武术的整体性认知、武术移动短视频传播出现浅表层面的信息解码现象、武术移动短视频传播出现泛娱乐化倾向、武术移动短视频传播出现道德失底化、武术移动短视频导致武术传播内容同质化、武术移动短视频传播导致群体极化现象。武术移动短视频在传播过程中给网络舆情的治理带来困难，引发了无法忽视的伦理议题。

3.1.1 武术移动短视频在传播过程中干扰受众对武术的整体性认知

网络社会中信息传播不过分注重内容的全面性，信息碎片化的特点较为明显。文化深度的缺失成为普遍的现象，接受的信息庞杂而且没有体系，不利于反刍性思考，不适合深度阐释。鲍尔莱恩提出，数码时代正在使年轻一代成为“最愚蠢的一代”①。

武术移动短视频以适应读者快速浏览的阅读习惯，将武术知识压缩打包发送，催生了文化的快餐化，带来“微”文化内容生产的变革。网民运用现代数字剪辑技术，武术移动短视频形式上短小和分散，传播内容可能是一个突发灵感的内容。用户在拍摄武术移动短视频之时对武术没有系统性的把握，导致文化传递出现偏差，影响民众的武术认知。受众很难专注于系统认识，容易沦为“碎片化信息的奴隶”。内容的碎片

①马克·鲍尔莱恩.最愚蠢的一代［M］.杨蕾，译，天津：天津社会科学院出版社，2011：45.

化带来思考习惯的碎片化，碎片化浅表式体验难以建立完整的武术认知图景，消解了精英文化的学理性、权威性，并形成习惯性的思维方式。借助武术移动短视频，武术以微小叙事呈现，无法长篇讲述，这大大增大了武术与受众之间的距离感。碎片化地了解武术成为常态，有限时间的内容输出导致武术身心合一、身心配合的内容无法较好地展示，对武术尤其是对传统武术的“机械化拆解”，内容分发散乱，经典的武术理论知识被解构，并导致传统武术呈现出祛魅的镜像。另一方面，网民无法真正理解移动短视频制作者所要表达的含义，导致认知的调试，致使武术传播缺乏体系感，不能构建起连续完整的体系性知识输出。武术具有博大精深的内容体系，涵盖技击、观赏、娱乐、健身等多种功能价值。网络社会中武术移动短视频影响了世人对武术的认知，大大降低了受众对移动短视频传播武术信息的信任度，武术的整体性日渐衰微。

3.1.2 武术移动短视频传播出现浅表层面的信息解码现象

网络赋权下，武术信息权力格局变迁促使人们无需耗费太多心神，就能够在短时间内通过武术移动短视频获取大量资讯。这一定程度上抑制了人们的思维深度与理性精神，更多地体现出感性化的认知。针对武术移动短视频，人们往往无法理解内容的完整性和准确意义，导致受众接受武术信息之时缺乏深度思考能力。网络具有即时性、应激性的特征，无论是意见领袖还是一般网民，他们往往在看到某个事件的最初时刻，30秒内就已经作出判断、表达意见，这样的意见，显然与深思熟虑后的意见不会完全一致①。由此一来，面对网络社会中武术移动短视频所传达的武术信息，受众容易停留在浅表层面的信息解码，缺少对武术传播信息的深度加工，武术知识的深度性、系统性被削弱。如部分网友看到了习练传统武术的习武者在技击实战中落败就直接否定武术的技击性，甚至直接否定了武术，并对武术发展彻底失去信心。这是一种非此即彼的思维方式，没有统筹看待武术的多种功能价值和丰富的文化内涵，由此呈现出一种非理性化的特征，以至于世人对传统武术的态度已

①超然. 网络民意的虚与实［J］. 民主与法制，2011（23）：30-31.

经逐渐由好奇转变为普遍的质疑。

整个社会逐渐演变成以视觉性为基础的实践系统和生产系统，进入了以图像为中心的时代[①]。网络赋权下，移动短视频成为网络社会中普通习武者传播武术信息的重要形式。这种喜闻乐见的传播方式在提升用户沉浸式体验水平的同时蕴含着强烈的弊端，促使习武者认知武术的思维范式发生转向，具体体现为以图像为中心的感性范式逐步替代以文字为中心的理性范式，进一步抑制了受众的深度思考能力。从文字和视频的区别而言，文字代表的是理性、深刻、富有逻辑的思维方式，而视频对应的是感性、浅显、直观的认知方式。文字的抽象性迫使受众诉诸思考和想象，移动短视频是“后文字时代”的一种平民媒介，其直观生动性导致受众不必凝思，信息“唾手可得”导致人类理性思维的萎缩。因为，在文字中“一千个读者就有一千个哈姆雷特”，而移动短视频却极易钝化抽象思维能力，消解了大众的想象和思考能力。视频难以承载和呈现系统的、有深度的思想，只适宜提供相对感性化、肤浅、几乎不需要思考的信息。以视觉为中心的文化将改变人们的感受和经验方式，从而改变人们的思维方式[②]。由此可见，人们过分陶醉于移动短视频带来的视觉狂欢是一种退化，体现出对理性思维的放逐。

3.1.3 武术移动短视频传播出现泛娱乐化倾向

客观地说，网络信息呈现的轻松性可以缓解世人的压力，给网民带来轻松和快乐。追求娱乐本是人们的天性，受众希望用娱乐休闲消遣的方式释放精神压力，青睐于轻松搞笑，倾向于浮光掠影的消遣阅读，从而舒缓情绪、打发时间、消遣娱乐。然后，过犹不及后甚至导致武术移动短视频成为娱乐的附庸品，打造一个“娱乐至死”的幻象，导致“快餐文化”的泛滥。我们的时代是一个强烈地感受到了道德模糊性的时代，这个时代给我们提供了以前未享受过的选择自由，同时也把我们抛

①王超群. 情感激发与意象表达：新媒体事件图像传播的受众视觉框架研究［J］. 国际新闻界，2019（10）：76.

②弗雷德里克·詹姆逊. 快感：文化与政治［M］. 王逢振，陈水国，译. 北京：中国社会科学出版社，1998：3.

入了一种以前从未如此令人烦恼的不确定状态[①]。这恰如布热津斯基曾提出过的著名的"Tittytainmnet战略"，由Titty（奶嘴）与Entertainmnet（娱乐）合成，译为"奶嘴乐"。

追求感官刺激的耸动新闻比严肃新闻有更大的概率获得推荐[②]。许多无厘头的内容追求的是纯粹感官上的娱乐享受，一味地追求噱头，打着"真实""科学"的幌子挖掘吸引眼球的奇闻怪谈，不断地发布媚俗的内容而出现泛娱乐化倾向。这迎合了受众获取感官刺激和填补闲暇时间的需求，人们观看移动短视频仿佛成为了"电子鸦片"成瘾现象。武术移动短视频在内容上虽然取之于武术的现实，但对武术进行娱乐化的包装，往往以娱乐为基调，出现了一些庸俗的"擂台比武活动"，借此通过否定整个武术圈来达到娱乐的效果，其偏离主流价值观的内容也一直被武术专家所诟病。同时，也出现了一些嘲讽甚至戏谑性质的网络流行语，马保国以夸张的口吻"宣传"传统武术，"耗子尾汁""年轻人不讲武德""闪电五连鞭""接化发"等话语成为恶搞武术形象的话语，是过度博取关注的行为。综观马保国再次火爆，其能吸引这么多网民围观，可能是他无比自信的"功夫"，可能是他"年轻人不讲武德"的"败因分析"，亦或是他"耗子尾汁"的个性表述。人们将马保国称为于"武术大师"，借此对其进行嘲讽和调侃，抱着轻松娱乐的心态进行围观。趣味性成为移动短视频生产的重要隐性标准，出现一系列低俗、猎奇的内容，再加之一些别有用心的所谓"网络大 V"的煽动和蛊惑，夸张的表情、犀利的吐槽挑战着传统与现实的伦理文化系统，从而在较短的时间内吸引用户的注意力，出现争当武术网红的现象。马保国事件在抖音平台上的传播影响力综合指数高达916290，其轰动不亚于 20 世纪 80 年代的《少林寺》[③]。如"年轻人不懂武德""耗子尾汁"等含有大量刺激、粗俗话语在网络社会中脱颖而出，这促使一些打着"武术大

①齐格蒙特·鲍曼. 后现代伦理学［M］. 张成岗，译. 南京：江苏人民出版社，2003：24.

②陈昌凤，师文. 个性化新闻推荐算法的技术解读与价值探讨［J］. 中国编辑，2018，106（10）：9-14.

③阴文彦，阴文慧，李龙飞. 武术短视频化传播策略研究——以抖音短视频为例［J］. 当代体育科技，2022，12（27）：130-136.

师”头衔的人俨然成为了网红，引发了许多网友的争相模仿，他们因具有强烈的个性来博人眼球，潜意识里改变着大众对武术的认知。然而，搞笑夸张的演绎方式导致其自身所讲述的众多细节经不起推敲，展现的是毫无深度的恶搞内容。部分发布者为了增加“播放量”，故意哗众取宠，注重新奇性，甚至以谄媚的手段满足于感官娱乐，用感官刺激“博君一笑”，文化创作停留在浅层次娱乐，导致无底线恶搞。武术移动短视频被商业逻辑操控，奇闻逸事应有尽有，助推了具有含混、复合社会效应的“网红经济”的快速成长，使得基于“情感结构”的文化生产减少，导致经济价值和文化价值的不平衡。在这种背景下，部分武术移动短视频题材五花八门，心甘情愿地成为娱乐的附庸，满足于表层的视听体验而忽视其内容与内涵建设，甚至进行虚假的内容传播，文化的泛娱乐化现象越来越突出，滑向价值的空心化。

3.1.4 武术移动短视频传播出现道德失底化

人人都有习武的权利，也可以表达自己的观点和想法，可是如果背离武术精神，没完没了在公开场合信口开河，特别是编造经历，这就与江湖骗子无异。伴随着现代性的不断深入，部分习武者的个人主义倾向抬头，道德相对主义盛行，出现了不规范行为，导致“道德滑坡”“情感危机”“诚信缺失”等社会问题迎面而来，拜金主义、功利主义、极端个人主义甚至有愈演愈烈之势。网络社会中，部分传播者在传播武术移动短视频之时，为了吸引受众的眼球、获得更好的传播效力，不惜违背公序良俗、传播内容品味低下的武术信息，引发网络暴力、拼接镜头、虚假拍摄、题材猎奇、教育意识淡薄等一系列的伦理问题。小到发布虚假信息、散布不负责任的言行，大到利用网络犯罪。部分习武者为抓住受众者的猎奇心理，而出现道德责任缺失的行为。网络社会中武术移动短视频传播出现道德失底化现象的具体表现如下：

①网络吐槽导致网络暴力。对信息的分享获取更多人的注意力，以达到高度曝光和扩大影响力的范围，并容易失去控制。利用微博散布不良信息，进而导致信息污染、情绪宣泄危害社会和谐。评论区更是“乌烟瘴气”，以道德讨伐为名义，以舆论为形式，运用粗暴、侮辱性

的文字、图像等对当事人进行攻击与讨伐，致使当事人的名誉受到严重侵害。这也导致一些武术事件持续升温，评论数量呈现出几何式增长，文化语言的怪异粗鄙化，对当事人侮辱谩骂，形成一种非理性和情绪化的表现，武术知识性内容面临传播难度大的问题。网民的素质也是良莠不齐，传统社会所建立起来的道德约束逐渐地被削弱，制造了纷杂的舆论场，同时也出现了一些偏激的短文，造成较为强烈的网络暴力，给当事人和武术主管部门强烈的舆论压力。缺乏必要的“向心力”。虽然多种行为构不成网络犯罪，但是已经触碰了社会的道德底线，导致伦理价值观紊乱。借此，部分网民对武术进行无底线的吐槽、自黑与低俗炒作，对武术事实进行对抗性解读，其中不乏粗鄙搞怪的行文宣泄非理性的情绪，种种低俗化的手段侵损武术的高贵精神和美学追求，甚至出现了一些诋毁叶问、霍元甲等武术家的话语。对别人隐私权的侵犯。人肉搜索、起底曝光等侵犯公民隐私权、名誉权。与武德的主流价值观念相悖。为制造轰动效应而突破道德底线。

②拼接镜头、虚假拍摄。有视频、有真相也不一定站得住脚，意即武术移动短视频未必能反映真实情况，部分拍摄者利用所拍摄的素材拼接剪辑，以至于传播失实的信息，违背了“求真”的伦理准则，导致武术传播出现信任危机。这为谣言的产生提供了温床，借此传统武术在网络社会中屡屡引起风波，从初级的拼凑剪辑到专业的剧本摆拍，再到AI技术加持的深度伪造。移动短视频造假层面能够以假乱真，看似“有视频有图有真相”，通过“移花接木”的视频拼接形式，实际上不具任何可信性，这对璀璨、醇厚的传统武术伦理文化的巨大消解力不容小觑。如此庞杂的巨量信息鱼龙混杂、真真假假，质量参差不齐，使网络个体应接不暇，疲于应对，难以辨别孰是孰非。传播对于武术具有伤害性、失实性的信息，以至于习武者对武术健康发展的社会责任感缺失殆尽。出现了很多大尺度暴力镜头和一系列的现象以吸引受众的注意，甚至触碰社会公序良俗底线，出现“任我行”的行为。网络成为腐蚀武术伦理的工具，导致人们的精神生活遭到破坏，文化氛围日渐喧嚣。由此，网络社会也会波及现实社会，并给现实社会中的武术发展带来不良影响。如马保国早年就在英国开馆收徒，号称“浑元形意太极门掌门”，其招式“闪电五连鞭”“接化发”曾在与欧洲MMA冠军皮特的对决中“大放

异彩”，但随后被曝光，所谓的对决，不过是一场精心策划的表演。其实这还真不是什么“无伤大雅”，放任“审丑”成为流行，让招摇撞骗大行其道，这本身就是对社会风气的伤害，特别对于尚缺乏判断力的未成年人，这是对价值体系的毒化。

③对武术的污化。武术移动短视频对武术的污化主要表现为一味追求对武术技击性的褒贬，进行无底线的整蛊视频。2020年5月17日，68岁的“混元形意太极掌门人”马保国，与50岁的业余格斗爱好者王庆民进行了一场比武。30秒内，马保国3次被击中面部后摔倒。最后一次，马保国被一拳KO，直挺挺地倒地。之后，马保国鼻青脸肿自拍的一段移动短视频在网络社会中引起大量热度。移动视频中，马保国讲述了与两个年轻人比武被偷袭的过程，其中“年轻人不讲武德”“耗子尾汁”“接化发”几句流传最广。“鼻青脸肿”的形象，加上充满视觉冲击力的画面，配上电子乐，经过各种二次创作和鬼畜剪辑，很快成为撼动互联网的又一热“梗”。出现了一系列的“大师献丑门”。这导致武术发展的不稳定性因素快速滋生，网络社会中的武术移动短视频俨然成为“问题与麻烦层出不穷的内容”。新华网、人民网也相继推出标题含有关键词“焦虑”“有毒”“网红”等字眼的“短视频现象研究”文章，形成武术移动短视频失序现象，这对武术文化传播的伤害是极大的。在对武术发展产生较为强烈的负面影响的同时，严重破坏了健康的网络传播环境。马保国自称大师、自立人设，之后又被KO“打脸”，其人“名声大噪”的同时，也使整个中国传统武术行业遭到严重的污名化。虽说闫芳、马保国等人代表不了传统武术，但时下世人有意无意中，已经将马保国与传统武术挂钩。这对传统武术来说，可能带来“不可逆的伤害”。马保国引发争议后，中国武术协会站出来发声，规定武术习练者不得自封“大师”“掌门”“正宗”“嫡传”等称号。

3.1.5 武术移动短视频导致武术传播内容同质化

移动短视频特有的“沉浸式”体验使用户极易投入其预设的场景之中，内容更容易被模仿，引发网友的盲目效仿。“爆款效应”促使源源不断的争相效仿，产生了模仿之上的扭曲现象，实现短期内的流量迸发。当受众通过观看他人发布的武术移动短视频并产生共鸣时，容易产生模仿拍摄的心理，武术技击性成为了武术移动短视频创作的首选题材，消解了主流的价值观念，制造出流行度和热度，体现出对新奇元素的追捧。长此已往，使浏览者产生很大程度的审美疲劳。其传递和形塑的某些具有噱头的内容甚至可以起到控制受众的效果，并因此在网络社会中形成巨大的社会模仿风潮。在聚集效应下，形成现象级的传播现象。这种影响是隐性且深远的。导致博大精深的武术不能够差异化的表达，使得武术失去了丰富多彩的姿态。催生了大量低质量的内容，刮起一股热门视频的浪潮，引发模仿风潮，导致平台原创性内容生产困难。创作质量上出现良莠不齐的问题，也导致传播质量泥沙俱下，产生不恰当的模仿。广度深度不足，同质化、低质化现象较为明显。长此已往，容易使得受众产生审美疲劳。皆是单一的镜头，只是拍摄者不同。丧失了独立思考的能力，丧失了自主独特性。一时热潮退去之后，又会被新的话题覆盖，导致武术的发展不能健康持久。

如果被极具好奇心又缺乏安全意识的青少年所模仿的话，则容易造成身体损伤，在众多挑战者中，医学生小陈算是最“不幸”的一个。在模仿中，他因用力过猛，导致痔疮破裂出血，最终住院……对此，康复科、肛肠科医生提醒，“叶问蹲”并非随便蹲，模仿需谨慎。在四川省骨科医院康复科总技师长刘辉医生看来，“叶问蹲”对下肢整体的髋、膝、踝功能要求很高，不仅需要大腿的力量，还需要髋、膝、踝关节的角度达到正常，如果这些地方曾经受过伤、疼痛或是活动不够，都不能轻易做这个动作。[①]

3.1.6 武术移动短视频传播导致群体极化现象

移动短视频以文字、声音、图像与视频等多态耦合的方式出现，网民可以将随手拍得的视频上传与大家分享，这就可能成为之后大规模爆炸性事件的最早雏形。武术信息传播是一个与多主体互动的持续过程，

① “叶问蹲”火爆全网，医学生挑战后进了医院，专家：动作有风险［EB.OL］. https：//baijiahao.baidu.com/s?id=1736593378066445744&wfr=spider&for=pc

用户往往可以便捷地发出监督与评价的声音，可以方便地进行网络沟通和交往，结交“志趣相投”的朋友，进而形成舆论声势。另外，武术移动短视频的一键分享功能，播效率明显提升，发挥了重要的文化激活效应。交互式的传播机制彰显了受众的主体地位，提供了一个可以相对自由对话的舞台，使得陌生人之间的互动得以最大化地实现，并形成私下的亲密关系，产生高度的情感连接。如果互联网上的人们主要是同自己志趣相投的人进行讨论，他们的观点就会得到加强，因而朝着更为极端的方向转移，呈现出圈层化传播倾向①。容易产生扩散式的传播，“身份认同””熟人交往”等功能性因素不断消减，而“趣缘”“情感”等价值性因素逐渐凸显，符号交往、流动交往变成重要结构性要素，武术移动短视频的社交属性让“志同道合者”能够快速聚集成虚拟社区，并形成意见集团。彼此无关的人可以迅速在网络社会中建立泛朋友关系，由此开展了集群性的讨论。特别是“有图有真相”的信息发布方式，大大增强了武术信息视觉冲击力，并迅速集合成网络舆论，导致不满情绪引发情感共鸣。而平台将热门评论置顶，确保用户便捷地看到最热的优质评论，这样的举措无疑进一步激发了用户跟帖评论的意愿。民众原子化的参与力量搅乱网络空间公共秩序，情绪释放直接随意，并进而对现实社会产生了实质性的影响，可谓是星星之火生成燎原之势，形成了“媒体曝光→公众知情→生成舆论→设置议程→舆论高潮→政府介入”的事件发展模式，解构了传统的武术舆论场域，形成暂时性的话语狂欢共同体，形成了独特的武术舆论发酵模式。由于网民的“偏好聚合”，原本属于网民个体性的泛意识形态化解读会通过“回声室效应”，在传播过程中不断扩大影响力，从个体的解读上升为群体的共识，继而发酵成现象级事件②。部分武术移动短视频出现了“闪红”现象。

网络社会中形成了武术观点的“自由市场”，习武者在相互交流和互动中迸发出很多极具吸引力和创造力的观点和见解，信息传播渠道由

① 凯斯·R.桑斯坦. 极端的人群：群体行为的心理学［M］. 尹宏毅，郭彬彬，译. 北京：新华出版社，2010：16.

②赵宴群. 网络空间泛意识形态化解读现象分析及其引导［J］. 江苏社会科学，2022（1）：96–103.

平稳、规则的纵向层级传递转向多点、多面叠加的纵横交叉模式，个别习武者看似不经意的事件或问题就可能引发裂变式传播，部分人借此展开唇枪舌战，并影响到人们的思想观念、价值追求和社会行动。网络舆论领袖在移动终端聊天软件、微博、网络社交工具等媒介平台上大显身手，他们总是在各种舆论旋涡中保持着独特的标签并拥有一批追随者。用户规模庞大，对移动短视频伦理失范现象的鉴别能力不强，过度解读当事人在社交媒体上发布的内容，以至于在网络社会中掀起一波又一波的网络舆论，在武术发展过程中引起非理性的舆论危机。超强度的信息涌入减弱了人的自主思维能力。再加上网络水军四处肆虐，网络社会中武术信息传播往往蕴含过度的指向性暗示，部分群体炒作煽动网络极端情绪，群体情绪情容易被不良思潮裹挟，并进而引发网络暴力。在网络社会中出现了“哄客”，他们常常不分青红皂白，采取极端化的态度和行为，这种理解事实的根本来源并不是本源性的真，导致事件的舆论热度快速上升，结果局限了群体和每个个体的视野，产生固化的偏见。与此同时，每个人的影响力都可能会被无限拓展，产生更深远、更强大的影响，导致蝴蝶效应和聚合效应的产生，对武术的发展带来较大的危害性，甚至对武术产生强制性干扰。为此，国家体育总局重拳出击清理武术乱象。对现阶段的网络舆情预警与监管工作提出了全新的挑战，移动短视频舆情事件频繁爆发引起的舆情危机预警及监管任务已迫在眉睫。

用户可以通过关注功能，成为移动短视频创作者的粉丝，形成圈层文化的传播。经过一传十、十传百，在不明武术真相的情况下跟风站队、追随效仿，并出现极端化的情绪表达，给当事人造成心理伤害。用户的个人意见网络社会中扩散，具有相同意见的网民聚合，构成“同频共振”的局面，形成情绪效度的叠加。部分人在自己看法与群体意见不合时，往往选择沉默。受到“从众心理”的影响，少数个体行为思想常常会受到大多数人声音和看法的影响，从而最终选择进入占有绝大优势地位的观点一边[①]。这对武术这一中华国粹的影响至关深刻，造成“沉默的螺旋”现象。

①张耀峰，肖人彬. 群体性突发事件的舆情演化模型与仿真［J］. 计算机应用研究，2015（2）：351-355.

3.2 网络社会中武术移动短视频传播伦理问题表现的动态分析——以“马保国事件”为个案

在盛行着“审丑”“虚拟狂欢”“低俗恶搞”等低劣属性的网络社会中，网民的每一次网上行为都在无形之中经历着“自塑”和“他塑”的过程。“虚拟狂欢”“审丑”如不加以正确的引导与管控，会导致“梗文化”“饭圈文化”“群体极化”等新媒体环境下的亚文化现象。近年来，受眼球效应、流量经济、过度娱乐等因素的影响，传统武术频频被人当作炒作、包装自己的工具，出现习武者约架、恶搞武术名家、扭曲武术历史、“武术大师”招摇撞骗等低俗化事件。2012年，一则名为“隔山打牛”的网络视频出现，在小范围内产生影响后被证明是自命“太极大师”的闫芳表演的一场骗局；2017年，“格斗狂人”徐晓冬与雷公太极拳拳师魏雷在网络中结怨多日后，两人在成都某私人拳馆公开搏斗，随着该事件在某移动短视频发布平台上的发酵，“传统武术的是与非”也被推上了舆论的风口浪尖；时隔三年，同样打着武术旗号的“马保国网络事件”更是带来一场审丑界的“盛世狂欢”，传统武术的正面形象尽失。从闫芳到徐晓东再到马保国，他们的所作所为，已然不是简单的个人武术修为高低和武德是非的问题，而是严重损害了中国传统武术几千年的名誉与传承。

近几年，所谓的“传统武术大师”马保国火了，而且某一阶段是大火特火。马保国不仅上了微博和B站的热搜，他口中的“年轻人不讲武德”“好自为之”也成了网上“热词”，有人还把 “耗子尾汁”注册了公司、申请了商标。马保国在保镖的簇拥下出席了网红活动，他还宣布将参加电影拍摄……在这个过程中，马保国赚足了流量、赚取了收益，俨然成为火遍全网的新晋网红。按说，作为一名30秒内被打倒三次的“掌门人”，马保国如何理解“武术”、是否想做网红，皆是个人权利，只要不违法背俗，别人无需指责。但这段时间以来，随着众多网民集体围观，部分网络平台甚至媒体机构也推波助澜、大加“追捧”，这就不得不令人疑惑：这到底奉行的是什么价值观？马保国的一些言行，实际上就是哗众取宠、招摇撞骗，说到底是一场闹剧。口口声声弘扬传统武术，实际上做的都是伤害传统武术的事。斥责“年轻人不讲武德”，他本身却不尊崇敬畏传统的武德。对围绕马保国所发生的一系列闹剧，不是一笑了之那么简单。作为2020年一个热点话题的“马保国事件”是网络社会中武术传播的一个典型实例。按照武术移动短视频传播过程，结合传播实例的演化过程，可以分成潜伏期→爆发期→成熟期→蔓延期→衰退期→长尾期6个阶段。

潜伏期。网络社会中武术移动短视频传播的伦理问题呈现出隐秘性、无序性特征。早在马保国之前，“最强太极推手”闫芳之流，已经使传统武术引来了巨大的质疑，他们或是以障眼法蒙骗观众，或是以“大师”等高大而具有神秘感的称号自称，但实质却是“花架子”甚至“江湖骗子”。2020年1月，B站出现一则名为“健身房的年轻后生不讲武德偷袭马老师，把马保国老师的眼睛给蹭了一下”的网络移动短视频，视频中他顶着被打肿的眼睛，操着一口歪七扭八的普通话，解释自己被打的原因。该视频刚出现时带给大家的只是马保国对有关自身事件的发言，不存在偏离现有道德规范和价值规范的现象。2020年5月17日，在山东淄博马师傅与比自己小20岁的业余搏击爱好者王庆民进行了第一场正式比武，比赛前一天，他在个人微博中写道：“马保国老先生在国内的首次比武，为传统功夫正名！”并附上直播链接，该条微博信息为他圈了大量武术圈内的人。此时事件发展的态势不明显，其中包含的信息没有体现出该事件部分涉及伦理问题。随后，他和王庆民进行了公开比武，结果被对手三次击倒。此时，比武视频仅带来了视觉冲击和猎奇的新鲜感，没有显露出明确的偏离现有武术道德规范和行为标准的现象，处在武术移动短视频传播潜伏期的伦理问题一般难以被政府捕捉到，无法对其进行监管防控，也更谈不上治理。与此同时，在该事件的初始阶段，传播要素显示出片面、零散化的特征。相关事件发生之后，信息被传递到网络社会，网络用户和各级媒体等主体参与到信息的传播与生产之中，此时，该武术移动短视频的传播所带来的伦理问题是片面的、不完整的，在这一阶段，各种信息多以个体观点或意见的形式存在，并未形成集聚发展趋势。

爆发期。网络社会中武术移动短视频传播的伦理问题呈现出聚集性、加速扩散、衍生性等特征。随着网络社会中各类主体对“比武”

“流行语”的广泛报道，对与“马师傅”相关一系列的网络信息事件价值观的评判介入，以及对其个人生活窥探，衍生出大量相关子话题，公共与个人网络资源被聚集，绝大部分网络平台的可扩散范围被全方位覆盖，主动或被动参与该事件的网民数量急剧增多。经过2020年1月“年轻人不讲武德，回去要好好反思，耗子尾汁（好自为之）”“我大意了，没有闪”等网络流行语和5月“比武”的伏线后，同年5月20日，马保国在网上申请了新微博账号，并在四个小时内连续发文三篇，回应输掉比赛、挨打视频的原因，并对网上有关自己的假账号、假弟子进行了打假。这一连串的消息使事件热度上升至网络平台的榜顶，这意味着马保国事件演化进入爆发期。在爆发期，短时间内越来越多的传播主体、受众进行生产和传播相关信息，在有限的网络社会空间中扩散导致汇集与融叠的乘积效应愈演愈烈，使得视频事件信息加速扩散发酵，呈现出网络信息主体集聚、观点集聚的特点。爆发期的马保国事件网络信息的扩散方向也不断增加，比如，网友们在众多社交平台上通过剪辑、换脸、AI等技术手段，使马师傅的形象出现在成千上万的影视创作中，在鬼畜视频中，他与钢铁侠对打，PK过怪兽哥斯拉，在星空中遨游，更甚还打过容嬷嬷，据不完全统计，在B站中，平均每小时便会有49.5个与马师傅相关的视频被上传。在马保国网络事件中衍生出“武术真伪”话题，据懒熊体育的报道得知，经微博认证显示，那场比赛的裁判员庞皓天曾担任过WBC世界拳击理事会的国际级裁判，他曾表示“很多人为了出名吸引粉丝，然后赚钱，用了不正当的方式，大家认为马保国的功夫很搞笑，自己持同样看法”。再如，《出圈》栏目记者许研敏在与马保国交流的过程中同样感受到了这一点，在她看来在谈及关键问题（个人武术真伪）时马保国总是避重就轻不正面回答，只要遇到不好回答的问题就要演示一套动作。不难看出衍生话题中的信息不是为了正面传扬传统武术文化，竟也是为了博人眼球，这也就等于把武术移动短视频在网络传播过程中偏离现有道德规范和价值规范的现象从隐性推向显性，对网络社会中武术移动短视频传播的伦理底线、价值取向产生了较大规模与力度的冲击，诸多问题得以暴露，引人深思。

成熟期。网络社会中武术移动短视频传播的伦理问题凸显“稳定”的特征，从传播主体和受众的角度分析可以分为网络关注热度稳定和网络用户的观点（亦或是）情绪稳定。潜伏期和爆发期时挖掘马保国事件的诱发原因和探寻隐藏信息是推动事件演化的因素，但在成熟期，该网络事件的各种信息已经比较清晰，信息的加工空间已被充分利用，各自类型的信息经广泛传播，新奇性大幅下降，基本不存在爆发式引诱网络用户和媒体额外关注力的新讯息。例如，虽然马师傅在尝到甜头后开始无所顾忌“创作”，其个人视频账号就再也没安静过，陆续发送“松活、弹抖闪电鞭”“接化发”“什么保国”“马老师说人生哲学”等百余个视频，但评论区所充斥的意见领袖、言论倾向等倾向单一性固化，多以调侃、讥讽为主，故体现出网络用户的观点、情绪稳定的特点。在经历爆发期亢奋般的网络热度之后，新闻媒体、武术贴吧论坛、抖音快手等网络平台对事件关注的网络热度趋于稳定，对马保国事件进展与网络信息给予的推送动力不增不减趋于平缓推进的态势。例如，在事件的爆发期以快手为例的网络平台不断给马师傅的网络闹剧加以“真伪、命运、三部曲、尊师、德彰武显”等低劣噱头，而在7月中旬以后，所存视频风格发生转变，所发布的内容基本都是正式的拳脚练习，没有过多地“标榜”，体现出网络关注热度稳定的特点。

蔓延期。在复杂性理论的干预和众多因素的影响下，马保国事件从开始到结束的过程不是直线式发展，其发展动态也就是事件热度可能会出现反复、循环以及多次重复的特点。正常情况下当有专家辟谣和比较权威的组织部门作出规定要求后，马保国和大众都应及时止损回归理性。比如，7月，中国武术协会发布《关于加强行业自律弘扬武术文化的倡议书》，倡议武术习练者不得自封“大师”“掌门”“正宗”“嫡传”等称号，不得以武术拳种、门派名义参加综合格斗、自由搏击等搏击类赛事，不参加不分项目、性别、年龄、体重级别等不规范赛事活动。本以为马保国网络闹剧会以此为转折点，公众和各媒体主体的“武德”回归正向，伦理问题偏移得到解决。但令人不解的是，2020年11月15日马保国发布微博称自己将回归平静生活，远离是非，隐匿江湖一天以后，他又高调复出，宣称将参与某功夫电影的拍摄。17日账号主体为山东演武堂影视传媒有限公司的公众号“演武堂”发布消息“马保国于16日当天正式确认参与电影《少年功夫王》的拍摄录制工作”。马师傅的复出又掀起了一个网络舆论的浪潮，再一次拉高了武术文化问题的热度。

衰退期。网络社会中武术移动短视频传播的伦理问题呈现出关注热度失温的特征。2020年11月28日《人民日报》锐评：“马保国闹剧该收场了。”马保国的一些言行，实际上就是哗众取宠、招摇撞骗，说到底是一场闹剧。口口声声弘扬传统武术，实际上做的都是伤害传统武术的事。斥责年轻人不讲武德，他本身却毫无正大光明、谨言慎行、尊崇敬畏传统的武德。对围绕马保国所发生的一系列闹剧，不是一笑了之那么简单。如果靠哗众取宠就可以风生水起，靠招摇撞骗就可以拓展商业版图，这是什么样子的价值取向？马保国背后的人到底想干什么？明眼人都清楚，无非就是商业利益。放任“审丑”成为流行，让招摇撞骗大行其道，这本身就是对社会风气的伤害，特别对于尚缺乏判断力的未成年人，这是对价值体系的毒化。这场以马保国为主题的闹剧，该收场了。随着《人民日报》从三个角度的纵深性剖析，马保国事件发展进入缓解期，网络媒体、用户、意见领袖等网络主体对新信息的兴趣度与关注度呈现缓慢下降趋势，也逐渐地从讨论风暴区中撤退，网络关注热度进一步下滑。伴随着马保国事件产生、发展的明晰化，人们对该事件的新鲜感降低，少有新热点产生，新话题、新看法也很少衍生。公共平台在其本身不追寻当下最高热度的本质要求下，将会减少部分贴文、新闻、博文等存量信息的推送和追捧。例如，B站宣布：有个人和商业机构利用马保国现象的热度炒作敛财，将严格核减相关内容，马保国相关视频被下架。微博也对外宣布，将解散马保国的付费粉丝群，严格审查恶意炒作内容，绝大多数关于他的视频从互联网下架，各网络平台不断发声并做出相关治理举措后，风靡网络的马保国网络闹剧终于淡出群众的视野。

长尾期。长尾期的重要特点之一是它的延续性，其次是持续传播性。2020年底《人民日报》实事求是地评议干预使马保国网络事件的影响力不断减弱，网民与媒体的关注慢慢下降，随后该事件进入一个较长的沉寂期。2022年11月19日，马保国分别在抖音和快手开通“唯一账号”，宣布打假伪冒者，正式复出。经过网络上内容分析发现，在两个平台上的首条视频都仅有几十条评论，没引起什么水花。同年12月21日，马保国利用布洛芬之歌魔性传播的风头陆续发布视频，截止12月31日，两个平台各发布29条视频，抖音粉丝涨到48万，快手粉丝涨到60万。在这期间接受某媒体采访时，马保国连续两次强调：绝不直播，绝不带货。从马保国个人网络平台账号的粉丝数量增长量和正式复出到变红的时间仅一个月的高速性，体现出了事件的延伸和发展的特性，正是因为有了两年前“马保国网络事件”的铺垫，导致马保国仅经一个月又“备受欢迎”。马保国在抖音视频号、快手微博等平台持续更新内容，以抖音平台为例，2022年11月之后4个多月的时间，已更新190条视频。从网络用户、传播主体与传播平台的数据统计分析来看，在事件发展的长尾期，马师傅的的再次复出导致两年前的“马保国事件”呈现持续性传播的特点，不到半月就再次成为现象级网红。自2023年3月29日开始，颇具争议的马师傅竟又连开几场直播，开始直播带货，同天晚上“马保国直播带货”登上了热搜，截止目前，马保国在抖音已经收获了超过190万粉丝，获赞近600万，微博也有36万左右的关注。网友的反应和两年前没太大区别，在马保国社交媒体内容下面的评论，以讽刺和嘲笑为主。关于马保国的功夫，绝大多数网友和武术专业人士都不认可，人们单纯抱着一种观看滑稽表演的心态，但马保国似乎并不在意这些……

网络社会深深植根于绝大多数人的日常生活当中，并且很大程度上左右着人们的思维方式、价值导向。在以网络社会为视域的武术移动短视频传播过程中，存在偏离现有道德规范和价值规范的现象，本文以网络社会中的马保国网络闹剧映射的伦理现象为例，结合上文整个事件发展周期，分成：潜伏期→爆发期→成熟期→蔓延期→衰退期→长尾期，以客观事实和数值数据为论据着重阐述了不同发展阶段呈现出的不同的特点，分析武术移动短视频传播伦理问题不同发展环节间耦合关系。马保国借助网络社会空间的自由特性塑造了一个“马保国宇宙”，不论其目的如何，其行为衍生的其他部分也真实地引起了较为广泛的恶劣影响，尤其是其无时无刻不借用传统武术的幌子，对网络社会中的武术传播进行负面回应。本文所描述的由马保国事件所映射的武术移动短视频在传播过程中偏离道德和价值规范的问题，不但要追罪于大众“审丑狂欢”，也要追究网络场域的相对自由性和匿名性给网络用户提供了释放的机会。在追捧“审丑狂欢”的心态达到一定程度的时候，社会结构的潜在问题就会外溢，文化失范现象显现，马保国事件反映的是一定时期内的部分群体形态和文化走向，投射出了亚文化逸散的信号。

4 网络社会中武术移动短视频传播的伦理问题成因

本部分透过武术短视频传播伦理问题的现象看本质，探究武术移动短视频伦理问题的成因，从而有利于更好地找到规避方案。然而，相关问题的成因并不是单方面原因导致的，具体强烈的复杂性，相关伦理问题的成因主要包括：网络社会的匿名性导致武术移动短视频传播主体去责任化、武术移动短视频传播内容没有经过严格审查、算法精准推荐机制形成武术信息茧房问题、武术移动短视频在经济层面上资本逐利促成注意力经济、武术移动短视频对武术传统思维方式的冲击、武术移动短视频导致武术信息权力的下移、武术移动短视频导致武术信息迭代太频密而让受众应接不暇、武术移动短视频导致武术传播的碎片化等。

4.1 网络社会的匿名性导致武术移动短视频传播主体去责任化

传统社会是一个“熟人社会”，交往面狭窄，交往对象大都是熟识的朋友、亲戚、邻里、同事等。依靠熟人的监督，慑于道德他律手段（社会舆论、利益机制、法律制裁）的强大力量，传统道德得到相对较好的维护。现实生存中，传播主体受到来自社会阶层、道德规范、法律法规、社会舆论等各方面的约束与限制，人的想法无法得到真实的表达与体现。

古希腊神话中有一枚“巨吉斯之戒”，传说戴上它之后人能够隐身。随着网络技术的不断发展，计算机技术发展一日千里，网络作为一种工具进入人们生活，以互联网为代表的数字技术强势覆盖了多数人口，无数网民隐身于屏幕背后进行匿名活动，网络社会将这一传说变成了现实。1993年7月5日《纽约客》登的彼得·施泰纳的漫画画着两条狗坐在计算机旁，一条狗向另一条狗解释说：“On the Internet，nobody knows you’re a dog”（因特网伟大的地方是没有人知道你是一条狗）。也有人指出，上网意味着“身披匿名的隐身衣”“去参加一场假面舞会”。网络社会这一特殊社会形态构建了线上的虚拟空间，除了一些和金融支付、征信管理相关的应用要求网民在后台要进行实名认证外，在其他一般性的社交领域，网民都可以以虚拟身份或虚拟昵称参与到互联网生活之中。人们可以不以真实身份在网络社会中活动，人们的身份可以隐藏在面具之下，并能够在网络社会中重构、获得多个虚拟身份。网络社会中，传播主体较少地受制于血缘和地缘，在一定范围内无需对自己的网络言行负责，由此形成了一种新的人际交往形式，并因此增大了武术移动短视频伦理问题治理的成本。

现实生活中的人受到熟人社会他律伦理约束不断减弱，而在网络空间的生人社会交往关系借助虚拟身份，为繁殖个人主义提供了温床①。网络社会中武术信息权力格局的变迁使基于地缘、血缘聚合起来的传统共同体不断消解。人们的交往互动可以不因身份地位、知识背景、财富多寡、职业差异等因素而形成巨大的鸿沟，网络社会中没有金字塔式的社会等级结构，人和人的平等在一定程度上得到了保障。伴随着习武者的活动空间扩张到网络虚拟范畴，人们不以真实身份在网络社会中活动，人们能够在网络社会中重构自己的身份，增添众多虚拟性的特征，人们的身份可以隐藏在面具之下，导致网络风气非常的浮躁。弗洛伊德关于人格结构的理论认为，人格是由自我、本我和超我构成，其中本我是最原始的部分，遵从唯乐主义，超我则是接受社会道德规范养成的管制部分，自我介于二者之间，是人格的执行者。在网络匿名的状态下，在武术信息权力之争的过程中习武者的身份特征相对隐匿，在失去身份约束的情境下降低了个人的道德标准。在“本我”释放的心理学原因下，武术移动短视频的传播主体更倾向于按照自己的意愿来表达观点，追求感官享受，并充分彰显利己主义。另外，网络社会的匿名性使得武术移动短视频的传播主体不再受人际关系、情景暗示等方面的影响，因为个人身份的不清，在低风险下，不必过分担心社会规则的处罚而出现言语越轨的行为，可以把心灵深处那个不加修饰的“本我”赤裸裸地释放出来，肆无忌惮地表达内心深处最想说的话。网络成为潜意识自我宣泄

①田鹏颖，戴亮．大数据时代网络伦理规制研究［J］．东北大学学报：社会科学版，2019（3）：222.

的场所，成为表达真实自我的媒介，人们可以将自己的真实身份隐藏起来，没人知道“我”是谁。武术移动短视频的传播主体依据内心的价值倾向和情感进行，无所顾忌地表露“本我”的一面，使得网络主体在网络社会中留下的印象更加主观性。在这种背景下，网络社会容易成为人们宣泄情绪的场域，武术移动短视频传播过程中较容易出现情绪化和攻击性的话语，形成一种个性化的文化氛围。

网络社会中，网络的匿名性削弱制度羁绊，人们的网络行为更多地依靠自律，更多地是凭良心行为。由此，网络社会中有很多难以监管的地带，法律对相关问题的约束有限，甚至有人将网络社会称作“法外之地”，出现匿名效应带来的去责任化。因为个人身份的不清，在低风险下，不必过分担心社会规则的处罚而出现言语越轨的行为，网络社会中移动短视频传播主体可以将自己的真实身份隐藏起来，没人知道“我”是谁，可以把心灵深处那个不加修饰的“本我”赤裸裸地释放出来，肆无忌惮地表达内心深处最想说的话，由此形成了一支庞大的“键盘侠”队伍。充斥着大量的情绪化和攻击性的话语，出现游离于伦理道德边缘的灰色信息以及冲击社会主流价值观念的黑色信息，由此出现一些网络越轨行为。虚拟生存的出现，使人类的生存方式由单一的现实生存转向双重维度的生存，即现实生存与虚拟生存并在的生存形态，这不仅深化、扩展了人的生存空间和生存认识，而且深刻地变革了人的实践手段、实践对象，由此造成传统生存方式的巨大冲击，同时也开启了新的生存方式向深度与广度的探索[①]。

4.2 武术移动短视频传播内容没有经过严格审查

传统的媒体传播（电视剧、电影、纪录片等）呈现出官方、权威、正式等特征，传统媒体在传播信息之前往往需要经历严格的采集、勘误、筛选、审核等环节，之后经过严谨的话语表现出来。传统媒体的把关角色控制性较强，把关人的角色被强化，由此形成了“把关人理论”。

①王英志. 人的虚拟生存方式与网络思想政治教育［D］. 长春：东北师范大学，2015：37.

网络社会蕴含着独特的结构特征，包含着虚拟社会失序的要素，如最常被提及的网络谣言、网络诈骗、不良信息传播等都根源于网络结构特征。随手拍缩短了移动短视频的信息加工时间，由于网络社会内容生产高度集中，有可能在某个时间段内有上千万条移动短视频需要进行审核。无需专业人士的审查和把关，传统新闻报道的“把关人”消解。海量的移动短视频对平台的审核把关能力提出了很大的挑战，在这种背景下，网络社会中移动短视频的事后把关的现象较为明显，过滤把关机制不严格，较多地依靠传统的监管方式，缺乏前瞻性治理手段。近年来，快手、抖音、今日头条、哔哩哔哩等各大平台都因内容偏差等原因受到内容下架关闭、约谈整改等惩罚，但都是在产生不良影响之后进行整改。严格意义上说，这是即时信息传递与监督审查流程之间的矛盾。

现实社会中的矛盾冲突是导致网络暴力形成的根源。早期移动短视频的“野蛮生长”阶段，用户素养良莠不齐，存在行业生态不够规范、政策监管力度不够，凸显出混乱冗杂的特征。武术移动短视频需要通过平台向周围传播扩散，平台作为传播媒介在传播过程中居于中转位置。在初期阶段，网络社会中武术短视频传播形成了一个不受传统媒体制约、可以无视语言规范权威的“真空区域”，治理手段缺乏前瞻性，呈现浅化、俗化倾向，平台把关效度差，并形成了一系列的有关于武术发展负面的舆论。网络社会中武术移动短视频数量大、平台上把关效能低、审核制度宽松，在制度规范层面存在漏洞，缺乏系统的规范体系，以至于出现事后治理为主的现象，容易引发“群体极化”的舆论问题。因缺少有效的监督机制，这导致武术移动短视频的质量得不到有效保障，也正是因此，部分内容偏差的武术移动短视频很有可能成为“漏网之鱼”，容易出现主题庸俗化隐忧和信息失真问题。此时的“把关作用”已经非常微小，那具有不良影响的武术移动短视频便会迅速遍布平台。另外，平台从移动短视频盈利最大化角度出发，可能会对部分内容偏差的移动短视频“睁一只眼、闭一只眼”，并进而造成把关失序①。这

①杨德浩. 网络短视频的治安危害及治理研究［D］. 北京：中国人民公安大学，2022：36.

反映了移动短视频平台文明管理的缺位，导致传播主体在发布武术移动短视频之时体现出随意性。往往采取封禁账号、删除武术移动短视频内容等手段，但是有鉴于用户账号的匿名性，不能从根本上解决相关问题。

由此一来，网络社会中武术移动短视频存在大量低质量、同质化的内容，内生动力仍显不足。内容的真实性缺乏深入审查，不追求严谨的逻辑性。对拍摄内容的虚假捏造不能够如实发现，对相关伦理问题往往缺乏约束和规制，由此扰乱网络空间秩序，带来的舆情成为不容忽视的力量。通过人像特效、视频美化、配乐MV等方式，体现出特有的视觉效果。很难对海量的内容完成实时监控，以至于出现政策方面的盲点，发生了一系列威胁武术本体性安全的网络事件，成为极具冲击性的网络舆论。另外，极致的与众不同似乎成为脱颖而出的唯一办法，于是出现了一系列充满噱头的标题，如“标题党”盛行，通过“蹭热点”来提升关注度。这对武术的不良影响难以预料。真实性也受到了极大的挑战，以至于“眼见未必有实”，进而污化了武术的社会风气，导致风险具有突发性。

4.3 算法精准推荐机制形成武术信息茧房问题

2016年 5 月，Facebook 的“新闻偏见门”在新闻传播领域引起了强烈“地震”。一直坚称“价值中立”的 Facebook 平台被其前合同工曝光，称该平台备受关注的新闻趋势榜实则受到一个内部运营团队的操控。“偏见门”事件使 Facebook 一直坚称的“Give everyone the power to share anything to anyone”的新闻宗旨备受质疑，也使算法新闻的客观性备受争议。[①]刘志婷将短视频的算法理解为用户对视频满意度的函数，函数中包含视频内容、用户特征和环境特征三个维度的自变量，根据三个自变量的规律趋势，最后得出因变量用户满意度，因变量满意度与自变量用户特征之间存在负反馈调节，最后系统会根据用户满意度推送用户喜欢的短视频类型，并借此循环往复[②]。

①蔡梦虹. 技术化时代信息传播失范与媒介伦理建构［J］. 青年记者，2019（32）：22-24.

②刘志婷. 解密算法：它如何将短视频推上热门［J］. 上海广播电视研究，2021（2）：36-40.

自媒体行业的竞争日趋激烈，移动短视频平台为追求用户数量和用户黏性，在大数据算法的助推下，算法对信息的筛选决定了网民接触武术信息的类型。通过智能化分发进行个性化推荐，构建起以趣缘为基础的隐性连接，重构了群众信息接受方式，让受众沉醉不已、欲罢不能，大大激发了用户的观看兴趣。2006 年，哈佛大学凯斯・桑斯坦教授在著作《信息乌托邦——众人如何生产知识》中提出"信息茧房"的概念，他认为在互联网的信息传播中公众对信息的需求往往是跟着兴趣走，往往只注意自己选择的和使自己愉悦的，并非是全方位的，久而久之，形成故步自封的效应，将自身桎梏于像蚕茧一般的"茧房"中。这来源于人们的选择性心理，促使自身原有的态度不断被强化。这样看来，算法精准推荐机制并非纯然中立的客观物。移动短视频平台通过智能算法来进行用户操控旨在"留住"用户，内容分发上实现了从"人找信息"到"信息找人"，"无形的手"在采集用户信息，让人"越刷越上瘾"，反映出商业利益优先和流量至上的价值观，从而拥有大量、准确的用户信息，进而实现了定向推荐信息和圈层化内容推送，大大提升了用户的留存率，为平台的运营提供便利。以最大化地吸引用户进行视频生产与观看。形成"瘾性机制"，体现的恰恰是隐蔽的商业逻辑和商业资本的意志。算法推荐机制主要指依托推荐系统技术，将数据、算法、人机交互有机结合，从而在用户和内容等资源之间搭建个性化关联的机制[①]。在腾讯这样的大公司，有一种人被称为"数据科学家"，他们的主要工作是开发算法，并不断优化它，更重要的是得把这些算法反馈于业务。简单说就是根据数据去预测、分析人们喜欢什么，并对每个客户做精细的画像刻画，然后运用机器学习与数据挖掘，设计个性化推荐的算法模型[②]。了解用户的深层次需求，给用户标上兴趣标签，平台背后的算法技术决定会浏览到什么样的武术移动短视频。

人们往往选择性地关注感兴趣的话题，因此用户在平台留下了大

①陈昌凤，师文. 个性化新闻推荐算法的技术解读与价值探讨［J］. 中国编辑，2018（10）：9-14.

②张雪凌. 互联网生态下广播如何适应从受众思维向用户思维的嬗变［J］. 东南传播，2017（10）：4-6.

量的“数据足迹”。平台为增强用户黏性，使得用户达到沉迷的目的，如同吸食一种“精神鸦片”。武术信息传播具有极为强烈的偏向性和选择性。算法推荐以用户在媒介平台的浏览记录为依据，平台从后台获得大量关于用户网络行为的数据，通过处理、分析数据推送至目标受众，此时，人们被动地接受经过算法基于受众行为数据筛选之后所推送的同类化资讯，形成人性化的“投其所好”，从而迎合甚至取悦用户。算法推荐像只“无形之手”，带来信息圈层化传播问题，人们所获得的信息都是与自己价值取向相一致。根据用户对于武术移动短视频的点赞、转发、评论和完播率来计算兴趣偏好，推荐其偏好的精细化资讯。从麦克卢汉认为电子时代将使人类“重新部落化”的论断，对移动短视频的功能性依赖甚至逐渐转换为精神性依赖。久而久之会固化在“信息茧房”中，形成武术信息传播的局限性，隔绝了多元化的信息，进而导致人们对武术的态度产生固化，进而降低了武术信息的理性分析和判断能力。如经常关注于传统武术的技击性弱化的视频，平台会通过算法精准推荐的方式推送相关视频，使得受众对传统武术技击性的信心值越来越低；经常关注于武术的恶搞视频，平台同样会通过算法精准推荐的方式推送相关视频，使得受众对武术博大精深的文化内涵的理解越来越困难。这使得受众丧失了全面看待武术的能力，导致视野的局限性，很难自行跳出这种桎梏，并进而强化价值错位的问题。长此已久，人们容易拘禁于信息茧房之中，减少了接触茧房以外武术资讯的机会，容易固化已有的武术认知偏见。因信息甄别能力不足，最终“被技术裹挟”，其价值标准在无形中受到扭曲。这导致视野越来越狭窄，陷入算法编织的茧房之中，彼此间的对话会因为认知不统一而变得愈加艰难。

4.4 武术移动短视频在经济层面上资本逐利促成注意力经济

伴随着网络技术的发展，武术信息的获取更为丰富，由此一来，注意力成为重要的稀缺资源。在当下网络竞争激烈的时代，眼球经济是第一生产力，快速吸引住观众成为网络点击率和流量的优势。早在1995 年，麦克尔·哥德海伯就提出，抓住用户的“眼球”是获得利益的根本，现阶段基于网络的新经济归根结底指的是注意力经济。网络社会的劳动演变为与商业利润、经济利益直接挂钩的劳动。移动短视频媒介是构建了一个传播场，是容易受制于商业逻辑的场，追逐利益是其背后的资本逻辑。一段移动短视频能让一个旅游景点瞬间爆红，能让一款商品短时间内断货脱销，具有明显的逐利特点。网络社会中，习武者借助武术移动短视频，人人都有可能成为网红，这推动了武术的短视频的异军突起。平台建立的初衷是为了盈利，作为商业化运营的武术移动短视频，其身上带有资本最明显的特征——利益最大化。资本空间的潜在导向基于资源的有限性，竞争是权力之间的惯常现象，另外，利益左右着权力运行的规则，在这一背景下，被别有用心之人推波助澜。另外，网络社会中出现了各意见主体之间为了争夺武术信息权力而进行博弈、争夺的现象。具有感官刺激性的武术画面便成为武术移动短视频生产者的必然选择，这导致武术移动短视频的商业气息愈发浓厚。或者是基于自身的商业利益，通过夸张放大事件而得到广大网民的关注，冲击社会受众的审美情趣和价值标准，容易导致错误的思潮乘虚而入，对公序良俗等提出挑战。网络社会成为武术信息权力的“不确定性的风险场所”，出现了流量追慕下的人文失衡，部分视频发布者奉行利益至上的商业逻辑，为获得粉丝数量与点赞、转发数量，出现了反常性、颠覆性的内容，从而更好地斩获注意力，吸引社会大众眼球。

“流量变现”成了当下很火的赚钱概念，快手、抖音、头条等往往将流量与收益挂钩。随着武术移动短视频变现能力逐渐增强，部分武术短视频发布者受利益驱动才铤而走险制造噱头，通过话语的形式进行博弈制造了巨大的“流量陷阱”，形成流量主导的闭环效应，俨然演变成“水很深”的商业模式。武术移动短视频具备内在商业动力，消费者的喜好成为决定生产的重要因素。“注意力经济”成为武术移动短视频运作背后的强大逻辑，点击率和播放量成为评价的重要标准，个体表达的自由与解放伴随着网红经济在网络社会中的快速崛起。这对武术的伤害是不可估量的，由此一来，信息发布者容易盲目迎合用户心理，注重对噱头的炒作，注重观众的感官刺激性，可谓是“语不惊人死不休”，以增加移动短视频内容的吸睛度。形成了移动短视频平台“网红经济”，包括但不限于广告收入、平台分红、“带货”获益、获取粉丝礼金。激励了很多网民以“铤而走险”的方式制造噱头以提升关注度，使得武术运动移动短视频在很大程度上成为资本操控的商业化产物。利用观众的猎奇心理，恶意评论也是为了提升自身的关注度。如果经典影像时代的黄金定律的一波三折，那么移动短视频时代的不二法门就是一针见血，受众往往需求“即时满足”，叙事逻辑性较弱、诉诸情感较强。如果靠哗众取宠就可以风生水起，靠招摇撞骗就能拓展商业版图，这是什么样的价值取向？

在“注意力为王”的价值逻辑下，为获取高流量和点击率，为了博眼球故意设置争议性话题，“技术理性”与“人文理性”日益失衡，对拍摄对象的侮辱恶搞，“有趣”成为移动短视频创作的重要支撑点，倾向于表现奇观而不是全神贯注于把事情原委讲述清楚。受到社会资本的一系列控制，短平快的内容创作成为重要潮流，从而在网络社会中引发大面积的围观，也导致了非专业认识的过度介入，甚至产生一些误导性的虚假内容，造成“劣币驱逐良币”的现象。移动短视频与各大电商平台相结合成为直播卖货的重要手段。2023年3月29日，仍然以“武术大师”自居的马保国开启直播首秀，多次展示自己的“成名绝技”“闪电五连鞭”，首秀累计观看超500万人次，人气峰值达到19.7万，平均在线人数也达到10.6万，10分钟销售1600件衣服。31日，马保国的抖音粉丝涨到48万，快手粉丝涨到60万。针对炒作，网友评论，“流量的尽头就是直播带货，名为武术博主，实则搞笑博主，背后一直有公司推。我们笑话他，他利用我们的笑话挣钱”。《人民日报》曾批：闹剧背后是商业利益。

4.5 武术移动短视频对武术传统思维方式的冲击

武术移动短视频使得习武者的行为活动从现实的物理空间拓展到虚拟的网络空间，使得现代人的思维方式和价值取向发生一系列的变化，并进一步由此极大地改变了现代人的交互方式。互联网——“历史上首次将人类沟通的书写、口语和视听模态整合到一个系统里。通过人脑两端，也就是机械与社会脉络之间的崭新互动，人类心灵的不同向度重新结合起来”①。对于武术传播而言，网络社会中武术移动短视频促使习武者无法实现面对面的身体接触，这在引发思维方式变革的同时，导致认识感性化和浅薄化。具体可以从武术历史生成过程中的思维方式，以及网络社会中武术移动短视频对思维方式的冲击上进行考察。

4.5.1 相似性思维：传统社会中武术拳种理论与实践的主导性思维方式

传统社会以农耕文明为背景，生活节奏缓慢、社会变革迟缓。传统社会是武术发展的重要社会背景，在这种背景下，相似性思维影响着习武者思考和观察问题的方式，并成为传统武术形成的重要内在基因，具体体现出直觉性和体悟性。确切地说，军事武艺更好地讲究实用和配合，其与民间武术的形态有着本质性区别。而流传至今传统武术主要是民间武术的形态，也正是因此，考察的视野集中在传统社会中民间武术的理论与实践。

4.5.2 相似性思维对武术历史生成的影响

（1）整体性

中国传统哲学思想尤为注重人与自然的相生共融，以寻求人与自然的天然和谐，农业社会中相似性思维对民间武术传播理论与实践的影响尤为强烈。相似性思维以感官感知为基础，通过想象、类比等方式去构造相关性，习武者由此及彼、由大及小，把两种不同性质的事物等同起来，发散性地进行知识生产，借此获得灵感和经验，从整体上把握、构造武术理论。不管是武术的动作名词，还是技术特点，亦或是武德规范，都受到相似性思维之直觉性性质的深刻影响。正所谓“观物取象”“举他物以明之”，习武者解甲归田的闲来造拳之时，相似性思维

①曼纽尔·卡斯特. 网络社会的崛起［M］. 夏铸久，王志弘，等，译. 北京：社会科学文献出版社，2006：309.

的直觉性可以突破固有情境，让习武者拥有更多的想象空间，使得武术与其他自然界的其他事物有效联系起来，由“比类”而“体道”，表现出朴素的思辨性。孙禄堂在《八卦拳学》中说道：“不思而得，从容中道，此圣人所以与太虚同体，与天地并立也。”在这个过程中，“天地与我并生，万物与我为一”，大自然不是外在于习武者的。习武者通过感性观察和直观体验来发展武术传播理论与实践，体现出武术传播理论与实践效法自然、模仿自然的特点，此时主体与客体的界限较为模糊，为武术传播理论与实践的发展提供了灵活的想象空间和源头活水。其中最具说服力的案例便是武术中象形拳的创立，如武术家王朗通过对螳螂的观察，吸纳螳螂的动作特点，创编出螳螂拳；再如武术理论中重要的“十二型”，通过大自然的特征来描述武术运动中的动、静、起、落、站、立、转、折、快、慢、轻、重等十二种运动方式。

（2）体悟性

武术传播理论与实践中相似性思维的体悟性旨在说明习武者在认识事物之前，头脑中并不存有预设，而是从日常生活经验出发，通过习武者身心共同参与的冥想，促使习武者产生某种突发性的想法和灵感，进而从总体上模糊把握对象本质，这促使武术传播理论与实践的发展体现出突发性和飞跃性。为促使习武者更好的体悟，习练传统武术之时要求习武者内心宁静，在主观上保持虚静之心，最终达到“以武悟道”的目的。李仲轩先生曾有夜练形意拳的经历，认为在清静的外部环境下练拳是古法[①]。为此，传统武术训练之前往往需要站桩，而站桩可以达到身心双修的目的，从而使得练拳者不容易心浮气躁，更容易体悟武学的精奥，武术家李小龙在论述截拳道训练的哲学思想时将这种状态称之为“纯净状态”。相似性思维的体悟性运用于武术的创生、练习等多个环节，体现出整体运思的特征。此时，武术传播理论与实践的发展高度依赖认识主体的经验化知识和身体之具体感受，而获得一种模糊的、微妙的主体性体验，借此来推寻拳理，如借“水无常形”促使武术技法产生

---

①李仲轩，徐皓峰. 逝去的武林［M］. 海口：南海出版公司，2009：24.

“拳无常势”的技术追求。另外，通过体悟也促使武术产生与中国传统文化同质性的知识体系，如五行思想、八卦思想对武术的影响，促使形意拳、八卦掌等拳种拳理的形成，并促使中国武术传统文化的重要文化载体和武术多种流派的形成。

相似性思维的直觉性有利于武术知识的生产，特别是在逻辑无力之时，为武术传播理论与实践做出了不可磨灭的贡献，同时促进了武术拳种林立的景象。相似性思维的体悟性促使武术能够随时吸纳其他文化的要素，使之成为自己的文化因子，武术也因此形成了开放型的文化体系，形成了独具东方哲学意蕴的身体智慧。与此同时，相似性思维促使武术技术体现出师法自然的审美特质，促使武术理论体现出“超语言”的文学化特征，由此增强了武术的魅力，体现出国人特有的哲学智慧。同时，相似性思维也导致农业社会中生产的武术信息变得神秘、晦涩，没有严密的边界意识，处于笼统而模糊不清的状态之中，并进而导致武术必须以口授心识的方式进行传习，传承过程中体现出不可言说性。

4.5.3 网络社会中武术移动短视频对相似性思维的冲击

时空概念是社会关系和社会制度变迁的重要分析视角。安东尼·吉登斯论述的现代性核心问题或动力机制便是“时间和空间的分离”（脱域）。现代性的动力机制派生于时间和空间的分离和它们在形式上的重新组合①。时空的分离是网络所呈现出的一大技术特征，以互联网为代表的新媒体技术的发展，借助时空分离和时空伸延营造了一个全新的网络社会。

4.5.3.1 不利于武术体悟性的体现

虚拟的网络社会有别于物理性的现实社会，现实社会中，主体所处的物理空间是可感知、可测量的。具体可以通过场域或者主体所从事的社会实践活动来确定主体所处的时空位置。如，在吃饭，在上班，

①安东尼·吉登斯. 现代性的后果［M］. 田禾，译. 南京：译林出版社，2011：14.

在公园。在虚拟空间里，人们只能通过“在线”或者“不在线”来判断主体意识所处的位置，主体所处位置出现了模糊性。不管主体处于何种位置，主体的精神生活总是受到其所处的历史环境和现实环境限制的。他在此处，决不意味着他不在彼处，他完全可以与多个人进行交谈或约会，这就犹如他同时占据着多个空间①。网络社会带来的交往方式对社会交往进行重构，促进交往方式的互动化和人际沟通的间接化。这种缺场交往促使人际关系和互动交往不同于在场交往，这不同于人际间的具身传播，传、受双方难以真正相互理解。武术移动短视频构建的拟态环境与真实环境存在区别，这种虚拟的人际互动无法实现面对面的身体接触，感知偏向视觉化，适宜提供相对感性化、肤浅、不需要太多思考的信息，旨在迎合人们对视觉快感的需求，改变了人们理解武术的方式。

现实社会中，语言、身体媒介传播依靠习武者面对面的密切交往，交流双方处于同一空间和时间内，传递的武术信息是全真全息、声情并茂的。如，传统社会中武术主要依靠语言、身体媒介传播，在口传身授、言传身教下武术形成了独特的文化形态；时下，互联网媒介是武术传播的重要媒介，由此在网络社会中形塑了武术的独特形态。武术作为传统的身体活动形式，在体悟性特质的指引下，部分武术技术“只可意会不可言传”，形神兼备难以形成比较完备的评价标准，出现所谓的“见光死”现象。触觉作为人类进化史上一个重大的事件，它可以启迪人们的心灵，传递平和、放松的信号，使人回到人原本应有的样子。网络社会是一种数字化的空间，以信息的方式展现世界，此时人们无需对网络移动短视频的内涵进行深层思考。基于网络社会的非物质性，物质化的身体在网络社会中退隐了，网络社会中的离场介入现象促使武术传播很大程度上摆脱了传统社会秩序和准则约束，通过身体不在场来影响世人的思想，支配世人的行动。

马保国事件中，新闻报道和舆论场在媒介情境构建过程中，起到了关键的中介作用②。武术是独特的身体运动，武术移动短视频在传播武术

①张明仓. 虚拟实践论［M］. 昆明：云南人民出版社，2005：183.

②肖飞. 媒介情境构建过程中的媒介偏向与舆论场中介作用分析——以马保国事件为样本［J］. 新闻传播，2022（7）：31-32.

过程中极容易产生误读，形成不同乃至截然相反的解释意义。武术移动短视频带来的视觉文化是一种微叙述，容易导致传播的意义模糊不清，带来的是“平面的快感”。将感情化情绪化作武术舆论，弱化了理性思考和深度思考的能力，消遣式的阅读无法形成体验感，钝化了理性思维，受众无法解码内容的深层次意涵。这裹挟着不利于人们理性思维形成的价值观念，倾向于依靠情感、直觉等非理性因素作判断，通过视觉语言的方式，人们更倾向于浅尝辄止的泛浏览，停留于感官欲求的浅层次满足，沉浸于视觉欢愉，丧失了深度思考的能力，导致审美体验浅表化。感知偏向的视觉化使得武术处于一种非常尴尬的境地，传播者不能够随机应变、因事设喻，催生一定的疏离感，从而陷入非理性的泥沼中。

综上可见，“移动短视频 + 武术”的融合不够深入，增大了对武术的认知偏差感，导致价值取向出现错位，容易形成浅层次的认知，无法对武术形成全面的、深层次的理解，形成浅层次的、表面化的大脑加工方式，惰化人的思维能力。这造成对武术深层次本质的忽略，如擒拿动作，这种“唾手可得”的掌握容易形成“眼高手低”的现象。

4.5.3.2 容易消解对武术的系统性把握

网络社会中，伴随着武术信息权力格局的变迁，武术信息生产以用户生产内容（UGC）模式为主，信息的发布门槛较低，因缺乏明确的组织性，自由且匿名地发表观点，削弱了传统舆论传播中传统“把关人”的权限。多数网民没有受过专业训练，不具备发出有深度、成体系观点的能力，其传播的信息倾向于情感情绪的表达和直观感受，不是环环相扣的信息链，而是将武术分解、切割成非完整的碎片，武术的海量传播信息是逻辑关联差，甚至是支离破碎的堆积，切断了和武术整体之间有机联系的、难以形成理论体系完备的观点，可谓是“千人千面”，如同拉康所说的“符号链条的断裂”。碎片化信息带来的认知偏见，难以形成全面系统的理解，导致蜻蜓点水式的信息呈现，让公众在多样化的信息甚至是相互矛盾的信息分析中陷入迷失，由此对武术产生数种异质性解读，以讹传讹便是如此产生的，出现“不系统不深入，盲目又盲从”的窘境。

如对武术基本步法马步的解析，笔者在论坛中发现，有习武者对马步的技击含义进行了解析，其旨在说明马步重心低是为了锻炼腿部力量，防止倒地，而练和用的关系是“低练高用”，意即在技击实战中马步重心不能太低。这是一种歪曲历史的行为，缺乏对武术历史演进的基本认识，马步的训练是模仿骑马的动作，使得双腿关节韧带向两边打开，从而在战马奔跑的情况下也能缓冲掉颠簸的力量，控制自己的身体平衡。舆论过于分散不利于武术的整合，导致信息传递的准确度大打折扣，无法面面俱到展示所有信息，颠覆了武术理论传播整体性的逻辑结构，武术的整体性有被解构的风险。这为武术的发展带来了巨大的不确定性，加大了主流意识形态话语凝聚武术共识的难度，为博大精深的武术带来了强烈的隐忧。这瓦解了世人对武术的深度认知并直接影响到武术发展的稳定性。如网络上被炒作的沸沸扬扬的“马保国事件”，为此，《人民日报》揭批马保国闹剧：哗众取宠、招摇撞骗。

4.6 武术移动短视频导致武术信息权力的下移

权力一直是社会学界关注的热点话题。法国管理学者亨利·法约尔（Henry Fayol）提出，权力就是指挥和要求别人服从的能力[①]。美国政治学者杰克·普拉诺（Jack Plano）直接将权力界定为，根据需要影响他人的能力[②]。在传统观念中提到权力，人们可能首先想到的是统治者的统治权、政府的行政权、国家的军事权、资本的产权、市场的资源配置权等，这些权力都是客观的实体权力，是有形实体的支配权。权力可分为物质性的、组织性的和非物质性的[③]。信息权力是一种非物质性权力，又称作意识形态权力。价值信念、利益诉求、知识评价等是信息权力的基础[④]。信息在瞬间就可以转换成左右社会成员观念的资源，也正是因此，

①法约尔. 工业管理和一般管理［M］. 北京：中国社会科学出版社，1982：24.

②杰克·普拉诺. 政治学分析词典［J］. 中国社会科学出版社，1986：124.

③蔡文之. 网络：21 世纪的权力与挑战［M］. 上海：上海人民出版社，2007：3.

④翟岩. 网络化时代社会权力结构的变迁与重构［J］. 福建师范大学学报：哲学社会科学版，2020（3）：111-116.

信息权力是信息流动过程中产生的非制度性权力，这恰恰是“传播即权力”的重要体现。信息权力是一种基于对需求性信息的生产可能性或者对需求性信息的控制可能性而对信息受众施加影响的能力[①]。信息权力是指占据信息优势的权力主体对权力客体施加影响并使之服从的能力[②]。约瑟夫·奈注意到，权力正在从拥有雄厚的资本转向拥有丰富的信息[③]。武术信息权力是武术的控制权和话语权，可以实现受众武术认知方面的塑造，甚至一定程度上形塑了武术的未来发展。由此可见，武术信息权力本质是一种武术舆论影响力和武术话语作用力，体现为影响、操纵、支配武术发展的力量。武术信息权力的持有者有一定的资源和能力去定义和诠释武术，并赋予武术意义。信息需要流动与传播，武术信息权力依靠传播而实现。也正是因此，武术信息权力处于微观层面，在武术传播中处于基础性和关键性的位置，研究武术信息权力可以透视武术信息传播的运作逻辑。

中国传统社会中，武术的传播主体和武术的受众共同构成武术传播领域，双方传授界限明显：武术传播者主动单向提供信息，占绝对主体地位；武术受众往往被动地接受信息，环绕在传播中心周围，处于被动的接受地位。网络社会中，信息传播的核心语义泛化为信息的数字化表达，网络技术成为挑战传统信息权力结构的社会力量，“改变世界的网络”诱发了赋权机制的变革，为此人们将现时代称为“网络赋权时代”。网络建构了新的社会形态，网络化逻辑的扩散实质性地改变了生产、经验、权力与文化过程中的操作，为社会的整体性变革提供了动力源泉[④]。互联网技术的去中心化特点，使其具有充分的参与性、互动性、对话性，成为典型的“赋权”媒介[⑤]。喻国明教授将这种特征概括为“全

①黄盛光. 网络空间的信息权力及其运作过程研究［D］. 昆明：云南大学，2019：16.

②David J. Lonsdale. Information power：Strategy，geopolitics and the fifth dimension［J］. Journal of Strategic Studies，1999，22（2）：137–157.

③约瑟夫·奈：硬权力与软权力［M］. 北京：北京大学出版社，2005：105.

④谢俊贵. 凝视网络社会——卡斯特尔信息社会理论述评［J］. 湖南师范大学：社会科学学报，2001（3）：41–47.

⑤许鸿艳，金毅. 互联网：技术赋权与景观控制［J］. 华南师范大学学报：社会科学版，2021（5）：165–176，208.

民 DIY”，为个体表达、个性实现提供了广阔舞台。每个人都可以参与到武术创作之中，极大满足了人本性中渴望被关注、被认同、被崇拜的心理。移动短视频的强势崛起为武术传播的平民化提供了契机，任何受众本身都可以成为信源，由此促使传播中心的多元崛起，即泛中心化。泛中心化旨在说明任何网民都是潜在的媒介中心，但是由于网民习武背景、素质、认知和思维的不同，其拍摄的武术移动短视频内容质量良莠不齐。这促使武术移动短视频发布出现低门槛现象，内容的偏差甚至颠覆了世人对武术的认知。

信息权力处于微观层面，关涉社会结构以及社会运作逻辑。也正是因此，在武术传播中，武术信息权力处于基础性和关键性位置，研究武术信息权力可以透视武术信息传播的运作逻辑。赋权意即赋予某种权力、机会和能力，网络赋权改变了武术传播的社会生态，对武术信息权力生成和运作的影响范围是立体、全面的，这种影响最为深远也最为隐蔽。在这种背景下，网络社会中的武术信息传播与传统社会中武术口传身授、体悟交流等传统传播方式形成鲜明对比。这一方面体现出进步的一面，同时引致一系列武术传播管理的疑难问题。

网络社会中，在武术信息权力主体大众化、武术信息权力行使自主化、武术信息权力效应即时化的作用下，促进从下到上武术信息权力所占的比重越来越大，具体呈现出以网络为载体的民间武术舆论蓬勃发展，借此实现了全民互动。网络社会以信息技术范式为基础，带来武术信息权力格局的深刻变迁，并进而对武术信息传播这一社会现象产生深刻影响。互联网先驱尼葛洛庞帝曾言，数字化生存天然具有赋权的本质，这一特质将引发积极的社会变迁。在网络社会中这个虚拟空间里，武术信息权力格局的变迁对人际关系、群体形式和社会秩序等产生了深远影响，针对武术信息充满着合作、冲突与博弈，形成形形色色的悖论，体现出一体两面性。

移动短视频是当之无愧的“底层性应用”，具有明显的草根效应，是一个张扬自我、尊重个性的世界，人们摒弃“严肃阅读”，转向“消遣阅读”，“只看热闹不思考”，不喜欢长篇大论的严肃文字，青睐于逗乐刺激、轻松搞笑的武术移动短视频。网络世界无所不包，美的、丑的，善的、恶的，通俗的、高雅的，色情的、暴力的、污秽的，应有尽有①。武术移动短视频的拍摄犹如“脱口而出”般便利，普通用户获得前所未有的传播主动权，鼓励武术传播的草根介入，平民立场的小叙事陆续登场，无形中稀释了专业传媒机构的生产者权利，促使武术移动短视频呈现出海量的碎片化信息内容。人人都可以成为武术移动短视频发布的信息源，武术移动短视频发布门槛降低，视频录制、剪切编辑等技术简洁易操作，任何人都可以轻松地上传武术移动短视频，极大地扩充了用户自我表达的渠道。行为主体往往是非权威机构，但具有多元化特征。身份界限不再泾渭分明，大大降低了武术移动短视频的制作门槛，有着去中心化的传播特征，可谓是“人人皆记者”“人人皆可成为创作者、传播者和欣赏者”，可以随意地展示自我。专业武术运动员、武打明星、传统武术大师、武术专业学生、武术培训机构的人员、业余武术爱好者往往对武术的见解存在差异性，武术移动短视频简易甚至是零门槛的制作手段极大满足了习武群体对于创造的需要，习武者发布一些“五花八门”的内容，出现初价值观的多元化，成为互联网舆论信息聚集地。

通过断章取义、场景拼接等手法，移动短视频中传达出的表情、眼神、口气等场景关系和情感要素容易影响世人的判断与认知，但同时更加具有迷惑性和误导性，导致热点舆情呈现高发频发之势。带来一种情绪宣泄的快感，旨在表达内心的愤懑，宣泄工作和生活中的压力。在这种背景下，网络社会甚至成为人们纾解不良情绪的窗口，网络社会成为民众抒发不满的平台，此时，键盘侠口中的正义俨然成为一种幌子，这严重危害了网络社会的生态。对相关问题夸大其词甚至颠倒黑白，是“假正义之名自我粉饰”。来获得一种维护正义的体验感和情绪宣泄的快感。

从用户年龄上看，移动短视频用户群体以年轻人为主力军，尤其是20～45岁的用户居多。众群体趋年轻化，尤其是主体性尚未成熟的青少年，武术移动短视频成为当代年轻习武者表达自我的首选方式。为了获得虚荣感或者是找个体存在感，有着“圈粉”的私心。希冀借助武术移动短视频来实现自我个性的表达，或者是对流行动作的模仿与跟风。

① 陈汝东. 传播伦理学［M］. 北京：北京大学出版社，2006.

与此同时，个性也是移动短视频备受推崇的重要原因，发表一些不成熟的言论，可以更好地进行个性彰显。这导致传播主体漠视伦理责任。然而，综观武术移动短视频，大咖学者传播的内容较少，而且没有形成主流。究其原因，主要包括基于武术的复杂性，防止自身的观点被攻击，形成沉默的螺旋。

4.7 武术移动短视频导致武术信息迭代太频密而让受众应接不暇

从文字传播到图片传播，再到移动视频传播，人们接受信息的内容越来越丰富和直观。网络社会是一个高度开放的环境，这为移动短视频内容的迭代危机埋下了隐患。尼尔波兹曼将印刷术的特点概括为富有逻辑的复杂思维、高度的理性和秩序、对于自相矛盾的憎恶、超常的冷静和客观，以及等待受众反映的耐心。尼尔·波兹曼将印刷文化占据主导地位的时期称为是“阐释年代”，他说，“阐释是一种思想的模式，一种学习的方法，一种表达的途径。”偏爱阐释的印刷文化的特征是：“富有逻辑的复杂思维、高度的理性和秩序、对于自相矛盾的憎恶、超长的冷静和客观，以及等待受众反应的耐心。”[①]文字削弱了对人类感官直接刺激的强度，但是对内容的表达也更加精准。信息接踵而至的同时出现海量的无效信息。

网络具有即时性、应激性的特征，无论是意见领袖还是一般网民，他们往往在看到某个事件的最初时刻，通过不会超过30秒，就已经作出判断、表达意见，这样的意见，显然与深思熟虑后的意见不会完全一致[②]。张雷在《网络社会的本质及其发展历程与趋势论析》一文中认为网络社会是基于Internet的计算机网络空间所进行的人与人之间互动关系的虚拟技术场域。网络群体的行动并非以理性和制度组织起来，而是一种感性化、表象化的意向表达[③]。然而，信息负载大大超过自身所能消化的程

①尼尔·波兹曼. 娱乐至死［M］. 章艳，译. 北京：中信出版社，2015：78.

②超然. 网络民意的虚与实［J］. 民主与法制，2011（23）：30-31.

③刘少杰. 网络社会的感性化趋势［J］. 天津社会科学，2016（3）：64-71.

度，弱化了人的主体意识和主体性反思。人们通过快餐式的媒体理解武术，各种观点在网络社会中铺天盖地，使得传统武术伦理日渐式微，使人失去缜密的逻辑思维能力和文化批判动力，以至于“到处都是信息，唯独没有思考的头脑”[①]。这导致人们在传播和观看武术移动短视频之时逐步丧失了主体的主体性、思维的自主性，所从事的活动是无法体现主体本质的活动，舍弃了对信息内容进行客观公正评价的机会，网民的观点因此具有鲜明的倾向性色彩。网络社会中“有问题找知乎”诸如此类的广告不绝于耳，网民不愿意去逻辑推理、独立的思考，而是直接打开网络直接寻求答案，在指尖一上一下的滑动中被遗忘。在这种背景下，碎片化知识打破了系统性知识的内在平衡，解构了系统性知识、理性思辨被压制了，最终导致网民思考能力下降并不断依赖更为短暂、粗浅的内容。这助长了低俗、虚假内容的传播，不断冲击现实社会中武术的主流价值体系，弱化自己抽象事物的能力，失去了自我内在的道德考量标准，让自己的思维逐渐浅薄化，致使社会受众思考能力降低，形成浅表性思维，威胁武术核心价值体系的主导地位。网络信息呈现的直观总结代替了习武者原有的知识探索，代替了习武者的体验性，主体心态越来越浮躁，从“没有时间去思考”发展到“不愿意去思考”，主体自主思维能力的退化，主动思维模式被被动接受模式代替。在这种背景下，网民肆意宣扬自己错误思想，用户对于武术移动短视频的信任程度也大幅度降低。与此同时，网民过多地关注武术的技击能力，而对于武术的文化底蕴关注不足，由此也导致武术博大精深的内涵无法得到彰显，对于武术的感知片面化，进一步增大了情感落差，难以有效增强世人对于武术文化的认同感。

4.8 武术移动短视频导致武术传播的碎片化

传统媒体中，纸质化的信息载体、平铺直叙的文字和表达能够让受众静下心来，进行深入的阅读和思考，使符号背后隐含的传播者立场和

①李河．得乐园失乐园［M］．北京：中国人民大学出版社，1996：99.

深层含义更容易被受众感知和发现[①]。随着现代人生活节奏的加快，人们的生活被分割成无数零碎化的片断，很难专注于系统阅读，以往冗杂繁长的文字无法较好地吸引受众兴趣，出现了有选择性地截取拼接部分片段来带动受众情绪的武术移动短视频。碎片化曾被概括为后现代主义的典型特征，信息碎片化接收成为人们快节奏生活的主流方式。碎片化成为新媒体语境下传播行为的主流[②]。这更符合受众群体的接受习惯和现代人快餐消费心理，方便受众在吃饭、坐车、睡觉等生活间隙观看。另外，人们同时处理日常活动与媒介活动的多任务行为（如边吃饭边刷手机）已然成为常态，这也使得注意力碎片化的病态演化为广泛的社会症候[③]。中国武术是对中华文明独特的思维方式、价值取向、行为规范、审美观念、心态模式的集中反映，承载着中国人谱系化的生活哲学理念。微叙事的碎片化容易断章取义，让人们在认识武术事件原委上存在局限性，导致公众武术认知表面化和片面化。网络社会中武术移动短视频很难将零散断裂的信息拼接成环环相扣的信息链，掐头去尾、断章取义的方式难以建立完整的武术认知图景和系统的武术知识体系，导致意义表达不够完整，很难较好地传播武术移动短视频背后的深层次含义，导致武术文化图景的支离破碎。

另外，随着生活节奏的不断加快，受众的审美需求从“看”发展到“快看”。在网络社会庞大的信息海洋中，用户倾向选择便捷、直观、易懂、生动的接收方式，文字及图片的大量展示容易产生视觉疲劳。每一个阅读好像又是转瞬即逝、过眼烟云，是一种无目标、无中心、无深思的泛浏览、浅阅读，俗称“看得多忘得快”。武术具有技击、健身、观赏等功能价值，武术集这些功能于一体。如果只是单纯地碎片化看待武术，势必会导致武术的发展难以实现体系化。另外，部分武术移动短

①罗彬，王晶钰. 对抗与冲突：网络赋权后的符号误读研究［J］. 长春师范大学学报，2020，39（11）：194-197.

②陈华明.网络社会风险论——媒介、技术与治理［M］. 北京：中国社会科学出版社，2019：134.

③罗伯特·哈桑. 注意力分散时代：高速网络经济中的阅读、书写与政治［M］. 张宁，译. 上海：复旦大学出版社，2020：5.

视频缺乏主流信息的严谨与关键逻辑的表达，网民“只了解其一，不了解其二”，容易断章取义，引发难以预料的舆情，影响武术形象多维、立体、鲜活层面的塑造。从这个角度来看，网络社会中武术移动短视频不能够系统化、体系化地展现武术的内涵，无法深入地探讨武术的深层次内涵。

5 网络社会中传播伦理问题规避的域外镜鉴

在网络社会不断发展的今天，网络为百姓生活带来了不少便利，给人们带来了言论自由。同时，也产生了一系列不容忽视的社会问题，如虚假新闻信息的泛滥、大量散布的网络舆论、人肉搜索产生的负面效应、社会伦理问题的延伸等等，这些违背传播伦理的信息败坏了当今社会与传统文化的公序良德，撩拨了用户内心唯利是图的贪欲，误导了未成年群体的价值取向，在社会与网络空间产生了不良影响。网络社会伦理问题大致分为四类，一类是在微博、朋友圈等社交媒体上发表的带有伤害性、侮辱性、煽动性的事实言论，此类行为极易构成诽谤案；二是公开当事人个人隐私；三是事件引起的网络暴力。无论哪一种情况，其危害都是巨大的。本文借鉴欧盟、美国、日本等国家处理网络社会传播伦理问题的案例和解决方案，以期更好地解决我国网络社会中的伦理问题，为自身问题的解决发挥重要的参考作用。

5.1 欧盟统一立法模式考察

5.1.1 伦理失范

欧盟关于网络社会传播伦理问题的研究，起源于18世纪的瑞典，以1766年颁布的《报业自由法案》为标志。“失范”这一概念引入社会学是法国社会学家埃米尔·迪尔凯姆（ÉmileDurkheim）提出的，具体的“失范状态”是由于社会分工增长引起的社会结构重组，导致各种规范社会秩序的发生功能障碍称为“失范状态”[①]。这种“失范”状态深深影响着人们的价值选择，2012年进行的一项欧洲民意调查显示，74%的被

①埃米尔·迪尔凯姆. 社会学方法的准则［M］. 北京：商务印书馆，1995.

调查者认为成为网络受害者的风险正在增加，18%的人表示不太可能再进行网络购物，15%的人表示不太可能再使用网络银行（WebBank）。调查显示，在英国网络社会伦理“失范”具有以下特征：

（1）反应迟缓

英国政府一直是网络自由的鼓吹者，时任首相卡梅伦也一直持“不管我们对网络社会内容持什么样的态度，我们必须保持网络信息的自由流通”。如2011年8月6日英国发生骚乱伊始，英国网络社会和伦敦人的手机上反复出现“砸商店！抢东西抢到手软！”等具有煽动性的信息。但英国首相卡梅伦直到5天后才宣称：“如果有人利用社交网络进行暴力活动，我们需要制止。”英国暴乱在近年来的欧洲并不是一起孤立事件，可见政府的动作迟缓是一重要原因。

（2）主体缺位

在英国的网络社会管理主体中，发挥主要作用的是通信办公室指导行业组织互联网监察基金会（Internet Working Foundation，简称IWF），基金会的管理模式主要依赖于行业自律，无论是及时获取还是控制互联网信息，自律的管理力度都会明显不足。而负有打击网络违法犯罪职责的英国警方，在打击网络违法犯罪方面并没有尽到相应的责任，或是及时在网络社会中发布正面信息，进行舆论引导。英国网络社会管理应当由通信办公室等政府主管部门直接去监管网络社会，承担必要的责任与义务，政府部门的主体缺位必然会造成网络伦理问题的“失范”。

（3）规范缺失

英国对互联网的监管依据主要是行业性规范《R3安全网络协议》，“R3”代表分级、检举和责任，旨在网络社会上消除有害社会环境的不良信息，如儿童色情、网络暴力等。英国在推行行业规范方面也有所欠缺，如缺乏强制力，管理内容疏漏，有害信息弹出时允许使用者自行决定是否浏览而不是主动出击调查处理，只有出现违法信息才交由警方处理，且违法信息主要限于儿童色情和种族主义等；在管理渠道和程序上，通过举报热线和“网络内容选择平台”进行监督，当网络出现传播伦理问题时，必须通过程序上的官方认定，才能告知删除有害信息，使得无论是从传播范围还是传播时间上，都较慢地处置和扩大了暴乱信息。甚至出现暴动事件后，民众以煽动性的言论和相关图片在网络社会上号召对警察动粗；有人利用Twitter组织抢劫犯罪活动，并将暴乱的照片通过Facebook展示出来。英国政府由于缺乏网络社会伦理应急处置的相关立法，相关部门一直未对相关网络伦理问题采取有效措施。甚至在网络伦理问题逐渐平息之后，英国前首相卡梅伦才宣称：政府正在研究是否在未来发生骚乱时封锁诸如微博、社交网站或“黑莓信使”之类的服务。

（4）监管失控

手机和社交网站的使用率在英国的年轻人中是很高的。英国全国人口6100万，但拥有6250万部移动电话，脸书注册用户超过3000万人。网络社会的广泛使用，增强了“网络介入者”挑战政府的能力，比如加拿大RIM公司生产的黑莓手机，从信息平台发出大量骚动的信息：“用黑莓手机保持联系并制造破坏，抢一切能抢的东西，警察无法阻止。”“骚扰者甚至讨论攻击目标和警方动向，都是利用‘黑莓信使’信息加密的特性，但警方无法及时、全面地获取信息，从而延误制止和打击犯罪行为的时机。”剑桥大学安全专家罗斯安德森（RoseAnderson）透露：“长期缺乏资金，英国警方目前只能在网络安全层面重视三件事：儿童色情、恐怖主义和凶杀。”“由此可见，英国监控网络社会的范围略窄，为重新树立公众对网络社会的信心，应对网络安全问题必须建立一套成熟的策略。”

5.1.2 传播伦理构建

传播伦理的研究并非源自明确的作为普遍意义上的“传播”活动，而是始于各种具体传播领域或传播类型的道德研究。法国社会学家埃米尔·迪尔凯姆（Emildilkem）认为，人的欲望产生社会失范，公民自身的伦理道德意识是建构传播性伦理原则的核心，“人们的欲望只能靠他们所遵循的道德来遏制”[①]。所以欧盟关于传播伦理体系的构建已经比较成熟，对于我国网络社会伦理规避有良好的借鉴意义。

5.1.2.1 欧盟发布网络安全战略

为了创造一个良好的网络社会，法国、德国、英国等欧盟成员国纷纷推出了各自的网络安全战略，而欧盟委员会也在2013年发布了一项旨在让欧盟拥有全球最安全的网络环境的战略，其目的是通过成员国政府、企业和公民的共同努力来实现。

（1）推动建立网络社会共享机制

由于欧盟的超国家性，其网络安全管理体制分为欧盟和成员国两个层面：在欧盟层面，主要负责对网络社会中存在的安全威胁进行收集和分析，并将分析结果提供给欧盟委员会和各成员国，2004年3月成立了欧洲网络和信息安全局（ENISA），为提供相关咨询和帮助，促进欧盟委员会与各成员国之间加强了黏合力，在国际合作等方面协助欧盟委员会。在成员国层面，各国网络安全主管部门建立负责制定网络安全战略政策，建立通信部门、内务部、国防部、电子政务部、国家数据保护办公室等，负责与其他公共机构和民间组织相互协作，监控信息安全威胁和攻击，积极采取应对措施等；各成员国需建立1～2个公共部门计算机应急响应小组（CERT），与本国其他计算机应急响应小组共同应对危机，开展其他活动。

此外，在网络社会传播伦理问题日益复杂、事件频发的今天，欧盟更加深切地体会到信息安全保障活动中各方共同参与的重要性和必要性。至此，欧盟已经形成了包含网络安全主体、欧盟和成员国两个层面以及政府部门、私营企业和学术界三个主体在内的网络社会安全管理体系，初步建立起了一套不同层面不同主体之间的信息共享机制，为有效应对网络社会伦理问题提供了良好的组织和机制保障。

①埃米尔·迪尔凯姆. 社会学方法的准则［M］. 北京：商务印书馆，1995.

（2）有效应对网络社会伦理问题

2012年，英国官方统计数据显示，受网络伦理问题攻击的影响，英国机构组织的损失翻了4倍，93%的大型公司和87%的小型企业表示遇到过网络问题，这一数字较2011年的 41%和73%都有明显上升。事实上，欧盟的网络社会伦理事件，除英国外，其他成员国都在逐步增加。为应对网络社会伦理问题和网络安全问题，增强各部门在突发事件面前的应急反应，提高预防和检测水平，欧盟委员会专门制定了应对网络问题的策略，以回应欧盟和各成员国。在欧盟层面，为使各成员国在网络伦理问题应急处理中的职能得到拓展，欧盟建立了在突发事件发生后，加强网络传播伦理事件应对能力的协调和响应机制，并对电子通信供应商和数据服务提供商提出了数据保护方面的相关要求。欧盟在成员国层面就其网络社会安全工作的总体规划，敦促成员国尽快出台与网络安全战略有关的政策文件；各成员指定自己负责网络社会伦理问题的机构，成立自己的电脑紧急反应小组（CERT）；提高公众网络社会安全意识，通过发布报告，组织专家研讨会，在欧洲开展网络安全月活动；针对网络安全专业人才队伍的培养，分别对普通学员、计算机专业学员、机关工作人员进行不同内容的培训。

此外，欧盟还与多个国家或机构开展了网络社会安全演习，如2011年美国首次与大西洋网络安全开展2011的联合演练；2012年进行了网络欧洲2012演习，来自欧洲各大金融机构、电信公司、互联网服务提供商以及政府部门的400名专家参加了此次演习。一系列演习对有效应对欧盟网络社会安全和伦理问题发挥了非常积极的作用，在网络基础设施不断遭到攻击的情况下，对数据收集和监控控制系统分层攻击方面也发挥了重要作用。

（3）强力打击网络犯罪活动

据统计，欧盟平均每人使用电脑的频率为89%，而电脑普及率如此之高，造成欧盟每年高达数百亿欧元的网络犯罪损失。为了打击网络犯罪，欧盟在2009—2013年的5年间，为打击网络上的非法有害行为，预防和清理网络上的非法内容，共投入了5500万欧元。与此同时，欧盟网络犯罪中心在欧盟网络犯罪中主要负责为欧盟成员国主管机构与私营行业等利益相关方创造信息共享渠道，提高公民网络安全意识等方面的情报分析和调查取证工作；欧洲刑警组织主要负责定期发布有关新动向、新威胁的策略和运作报告，为各成员国的网络犯罪调查提供支持；欧洲司法组织主要负责对网络犯罪调查中存在的问题进行调查，为网络犯罪调查和起诉提供支持，寻找司法合作，协调欧盟成员国和第三方国家，并提出对策和建议。三部门各司其职，多管齐下。

欧盟不仅着眼于欧盟委员会和成员国，还在国际网络犯罪领域谋求话语权，制定了全球首个针对网络犯罪行为的《布达佩斯网络犯罪公约》，欧盟敦促尚未批准的公约尽快得到各成员国的批准和执行，为各成员国共同打击网络犯罪提供法理依据。同时，为应对网络犯罪，也可以呼吁国际社会制定一个基于公约的国际框架和规范。

5.1.2.2 欧盟建立网络身份验证

目前，来自欧盟智能卡协会的统计数据显示，28个成员国中已有16个国家开始实施使用电子签名技术，欧盟所有成员国的网络电子身份证发放工作，总量累计已达1.5亿张①。通过网络身份管理体系建设，欧盟及成员国不仅实现了各成员国网络可信身份识别与验证，并且实现了欧盟范围的跨境网络身份识别与信任服务。

欧盟多国发放网络电子身份证替代传统身份证。网络电子身份证具有两重功能，一是可以同时具备网络远程识别功能，二是可以实现网络远程识别，同时具备线下识别功能。目前，已经发行网络电子身份证有德国、法国、西班牙、意大利、比利时、爱沙尼亚、奥地利、丹麦、芬兰、葡萄牙、斯洛文尼亚、立陶宛、马尔他、卢森堡、荷兰、瑞典、冰岛、阿联酋等国家，以及我国香港特别行政区，其中，德国、西班牙、

---

① European Commission，i2010–A European information society for growth and employment [R/OL]. Brussels：Communication department of the European Commission.（2005–06–01）[2016–09–10]. http：//europa.eu/rapid/press-release_MEMO-05-184_en.htm.

意大利、比利时、爱沙尼亚和奥地利已经普及，广泛用于电子政务、电子商务、社交网络等各个领域。欧盟网络电子身份证的推出与实行正是基于欧盟长期以来维护网络传播伦理实践总结。

欧盟以公民网络电子身份认证标识应用为抓手，在电子商务、网上银行、医疗卫生等领域不断拓展公民网络电子身份认证标识，加大影响力；同时，还积极开展公民网络电子身份认证标识的跨境应用，带动欧盟范围内公民网络电子身份认证标识卡的全面推广，确保网络传播问题可溯源。

5.1.3 欧盟网络社会中立法经验

欧盟为遏制网络社会存在的安全、伦理等问题，在短短几年内连续出台一系列重要法律文件，一方面是欧盟面对日益严峻的网络安全威胁形势所做出的应对之策，另一方面也反映出欧盟在网络安全法律体系建设方面的步伐不断加快。更为重要的欧盟通过了《信息数据监管指引规则》（以下称《欧盟指引》），《欧盟指引》要求成员国对各种通信信息数据进行严格的控制和存储，安全的信息数据可以在欧盟范围内实现对信息网络数据的高度自动化的促进，构建统一的通信服务平台对信息网络数据进行监管。值得我国信息网络立法借鉴的是，《欧盟指引》通过规范保存和使用各类信息数据，有利于加强国土安全保障。

欧洲信息数据保护法律规范，由欧盟在20世纪90年代制定，一直没有提出针对网络社会信息监管的实施措施，已经不能满足现在的信息网络安全保障实践需要。同时，考虑到运营成本，部分欧盟成员国供应商在出现网络社会伦理安全问题时，对于信息仅保存几个小时、一天或一周的时间，存在信息盲点或盲区，网络信息服务商一直按照有关信息网络监管法的规定储存信息数据，保存时间并未对其时长作出具体要求。但欧盟指南对确保网络社会安全要点的通信信息存储提出了详细的要求。对于报讯时间《欧盟指引》还明确了通信数据的各种存储条件和要求——提供商业存储各种电子信息的金额（包括但不限于：电话、邮件、信件、网络音频、视频信息、网络社区互动信息等），需要保存

6～24个月不等的查询信息存储期限。《欧盟指引》并不要求对电子邮件文本、电话通信内容记录等信息的具体通信内容进行直接监管，而需要对服务器进行分类存储的信息包括信息发布者、信息接收者、发布信息时所使用的设备性质、最初发布信息的时间、持续时间、最终收到信息的时间、地理位置等信息。

在网络社会中有人使用电信、网络等实施恐怖犯罪、金融犯罪、有组织犯罪、危害公共安全犯罪、侵犯公民人身安全等，构成网络社会“严重犯罪”，相关警察、检察、国土安全、各类欧盟区际司法合作组织等有权直接调查储存在服务器内的信息进而展开调查。以往信息调查权只能是各国情报部门的执法权限，可见《欧盟指引》拓展了非信息情报执法部门接触与持有信息的权限。“严重犯罪”限定的法定刑至少为5年监禁的犯罪。由于实践中各类严重犯罪所涉及的信息发布渠道或者发布过程可能牵扯与犯罪无关的第三人利益（例如第三人身份信息的泄露等），《欧盟指引》规定，刑事案件侦查、起诉、审判过程中，不能以技术上的信息删除能力不足为依据，调取与第三方利益相关的信息，因为实践中各类严重犯罪所涉及的信息发布渠道或发布过程可能涉及与犯罪无关的第三方利益（如第三方身份信息泄露等），必须经过审判机关的司法审查，才能判断执法部门调取相关材料是否严重侵犯了第三方的利益。《欧盟指引》上述规定的实施过程中，欧盟各国对其信息数据规范控制方式不当甚至违法的质疑不绝于耳。一些理论和实务部门的网络信息法律专家指出，《欧盟指引》的实施，实际上已经将处于“合法化的信息怀疑”状态的欧盟社会引向了严重威胁公民信息自主性的问题。也有观点认为，《欧盟指引》以国家信息储备的方式控制民间信息，潜在或明显地与欧盟地区国家的宪法相抵触，各国有权以何种理由存储和处理公民信息，欧盟立法机构必须对此作出解释，因此，《欧盟指引》的制定具有一定的必要性。不过，由于《欧盟指引》规定应当储备的信息是由市场主体网络信息服务商直接掌控，而非政府部门，因此，在程序上已经符合正当性标准的情况下，警方、检察、国土安全等执法部门必须以法定事由为依据进行信息调取，同时也要接受司法审查。同时，保护国土安全、公共安全等公共利益免受严重犯罪侵害的法益取向已经使得《欧盟指引》储备信息的规定具有正当性基础。因此，各种非法获取信息、泄露信息的行为在实践中难免会出现。《欧盟指引》因此要求欧盟各国政府在信息数据安全方面切实承担起有效保护的法律责任。信息资料的收集、存储和使用程序必须秉承信息数据安全职责之外的透明原则。对刑事案件执法机关获取信息数据的，原则上必须向网络信息服务商通报信息发送人、收信人办理信息的经过。由于案件的性质和保密工作的需要，不能公开详细信息的办理过程，必须告知其实用信息的使用情况。对在信息处理和使用中出现的制止行为，信息发送方和接收方有权向执法机关提出抗辩；上述信息主体未提出抗辩的，在信息处理过程事后经司法复核时，执法部门必须将信息处理过程向司法机关备案。《欧盟指引》要求所有存储信息的运营成本由各国信息网络服务供应商自行负担。欧盟国有的更多观点质疑这种经济负担不应由私人机构承担法律强制规定的义务，也质疑这种做法没有特定的对应权利。但需要强调的是，欧盟各国制定《欧盟指引》的立法目的是保障社会公共福祉，而信息网络服务提供商作为直接经手信息交互的市场主体，是最适合信息存储的执行者，从社会成本分配的角度来看，这一点也不能忽略。毫无疑问，欧盟的这一指导意见，显然是某种法律保护机制对公民信息网络的隐私权造成的冲击。但是，这项旨在对信息网络进行监管的立法在欧盟范围内展开，获得了广泛的民意支持。尽管在信息网络监管方面，欧盟指引属于较为激进和严格的立法惯例，但由于其确实在客观上防范了可能发生的大规模人员伤亡的恐怖袭击事件，因此在欧盟立法过程中所遇到的障碍并不明显。在震惊世界的马德里爆炸案发生一个月后，在欧盟委员会和欧洲议会框架的积极推动下，《欧盟指引》已经成型。为给各国执法部门调查和预防恐怖犯罪提供信息便利，英国联合法国、瑞典等国政府提出了在欧洲范围内建立系统的信息网络监管法律规范的必要性，并提交了通信信息数据存储管理立法草案，旨在为各国执法部门提供信息便利。除了信息网络安全层面对于防范和打击恐怖主义犯罪的立法需求外，《欧盟指引》能够有效地从长远角度与刑事犯罪侦查改革的实践相契合，这也是欧盟各国在快速发展的信息技术趋势下达成的共识。

5.1.4 欧盟网络社会对我国的启示

加快构建我国的网络社会安全法律体系。相比欧盟立法，我国的网络社会安全法治建设迟迟没有跟上社会进步的步伐。2017年出台的《中华人民共和国网络安全法》是里程碑事件，该安全法介绍了网络安全法的基本准则，提出拟定网络安全战略，清晰网络空间办理方针，提高了我国网络安全方针的通明度，进一步清晰了政府各部分的职责权限，完善了网络安全监管系统，加大了违法惩办力，使监测预警与应急处置办法制度化、法制化。但《网络安全法》总体来看体系化的建构有待完善，法律法规层级低，里面提及的网络社会相关配套法规也没有及时出台，传统立法中不适应网络安全形势的法律法规也未得到及时修正和补充，未来应加快推进相关工作。但开始制订网络安全法便是一个好的开端。

推动现有网络安全机构形成合力。近年来，我国正努力建设形成由中央网络安全和信息化委员会两部门负责统筹协调网络社会安全，下设外交部、工业和信息化部、公安部、国家密码管理局、国家保密局等相关部门，各部门都有具体的职责配合。但是，在实际工作中，部门之间职责界定不够清晰。《网络安全法》已赋予国家网信部门网络安全统筹协调的职能，未来应形成更加科学的沟通和协调机制来推动各部门形成合力。

网络安全认证体系建设有待加强。经过近20年的发展，我国网络安全认证认可体系日趋完善，建立了一套网络安全标准体系、认证认可体系、检验检测体系，目前网络安全认证的种类已完全覆盖产品体系服务和人员等门类，但是，与欧盟国家相比，我国的网络安全认证建设仍有很大的进步空间，在评价能力方面评价依据不全面，造成评价能力尚低；在评价的准确性方面存在低水平重复评价，效率偏低；在评价结果方面有效性不足，对于体系的加强作用偏低。所以，我国的网络安全需要向欧盟学习，又要符合我国国情现实的网络安全认证体系为目标，不仅要通过认证认可制度来切实提升我国网络安全产品和服务水平，还应努力推动我国与发达国家或地区的网络安全认证结果实现互认，提升我国网络安全认证的国际化水平。

5.2 美国行业自律模式探微

5.2.1 传播伦理

美国学者罗伯特·维纳1948年发布的《人工智能的使用》中阐述了计算机伦理的基本问题、主要伦理案例和应用伦理的有效方法等，该书使他成为当之无愧的计算机伦理研究的奠基人；20世纪70年代中期，美国部分大学开始开设和推广计算机伦理课程；20世纪80年代，以詹姆斯·摩尔的《什么是计算机伦理》为代表的一系列有关网络伦理问题的研究成果的发表，标志着网络伦理研究进入了繁荣阶段。网络伦理道德问题日益引起各界人士关注，一些研究组织纷纷成立，并开始出现各种规模不等的学术讨论会，如美国华盛顿布鲁克林计算机伦理协会从 1992年开始每年都召开关于计算机伦理的年会。

《媒介伦理：案例与道德推理》美国克利福德·G.克里斯琴斯2014年出版的，书中引用了大量真实案例，将传播伦理原则从新闻、广告、公关、娱乐四大媒体领域进行了剖析①。学者们提出了解事情真相是人类共通的原则与关怀，公众知情权必须与公众隐私权相平衡；提出文化领域必须警惕逐步渗透的商业逻辑，强调广告业在取悦客户进行商业价值创造的过程中还应自觉接收伦理敏感模式；公关方面，强调媒体应更多地承担传播准确信息的责任，提倡以激发企业社会责任感为宗旨的诚信、人道、尊重公关的公关行为；积极参与网络娱乐讨论，本着关爱青少年、非暴力报道的原则和底线。内容兼顾世界多元文化价值体系，对研究我国传播伦理问题有一定的参考和借鉴意义。

路易斯·阿尔文·戴（Louis Alvin Day）的著作《媒介传播伦理》，是一本强调伦理分析过程、强化伦理意识的书，展现了现实工作中许多

①克利福德·G.克里斯琴斯. 媒介伦理：案例与道德推理［M］. 北京：中国人民大学出版社，2014.

可能遭遇的伦理困境，为帮助读者做一个自信的决策者，提供了解决问题的方法和批判性的思考[①]。伦理问题既是社会问题也是个人问题，当个人在处理生活中各种矛盾时，往往会遇到各种压力。除开利益矛盾的压力，伦理和道德压力也是主要的压力之一。媒体力量和传统力量相互结合、相互博弈，最终导致的结果是，由法律作出最根本的保证，使媒体和传统力量在更大的范围内形成平衡，以维持社会的基本稳定，并由此产生相关的法律和道德伦理。而在社会生活的各个微观层面都体现出博弈的结果，而这一切，都是在法律的触角伸不到的媒体伦理的约束之下。

总的来说，国外学者对传播伦理的研究集中于实用主义角度，通过分析具体媒介的伦理问题，界定权利与义务，并提出应对策略。

5.2.2 伦理失范

埃米尔·迪尔凯姆在社会学中首次提出了“失范”（discovery）的概念，他将社会分工增长导致的社会结构的改变，从而使得调节社会秩序的规范与无效状态称为“失范状态”[②]。被认为是媒体暴力的塞伦·麦克莱中将（CH），他是《传媒社会学》的作者，提出暴力节目、低俗小说、色情信息等是会诱发公众暴力的隐性信息，无论对公众还是社会都会产生不好的影响[③]。理查德·A. 斯皮内洛指出：“在网络时代信息传播过程中，个人隐私受到侵犯、知识产权不被重视、黄色信息泛滥等都是网络时代信息传播过程中的典型伦理问题，是网络时代信息传播过程中比较典型的道德层面的问题。”[④]卡斯·R. 桑斯坦“谣言在信息社会中的传播具有极大的影响力，会加剧信息传播中伦理失范现象的发生，使社会在集体被谣言左右时受到更大的威胁”[⑤]。塞伦·麦克莱将电视节

①路易斯·阿尔文·戴. 媒介传播伦理［M］. 北京：北京大学出版社，2004.

②埃米尔·迪尔凯姆. 社会学方法的准则［M］. 北京：商务印书馆，1995.

③塞伦·麦克莱. 传媒社会学［M］. 北京：中国传媒大学出版社，2005.

④理查德·A. 斯皮内洛. 铁笼还是乌托邦——网络空间中的法律与道德［M］. 李伦，等，译. 北京：北京大学出版社，2007：5-6.

⑤卡斯·R. 桑斯坦. 谣言［M］. 张楠，等，译.北京：中信出版社，2010：11-12.

目中的暴力行为，如暴力节目、恶俗小说、色情资讯等，在《媒体社会学》中视为媒介暴力，而内容为隐性资讯则可能被人利用。可能会诱发公众的模仿行为，产生负面影响[①]。《资本主义文化矛盾》以技术成为推动社会进步的主要力量的“后工业社会”为着眼点，而技术则由信息和知识派生而来，由此产生了真知灼见的观点，从而引发了伦理道德的失范[②]。

5.2.3 传播伦理构建

美国伦理学家劳伦斯·莱斯格（LawrenceLessig）认为，规范人类行为的四大规范力量分别是法律、准则、市场和代码，而隐藏在社会中的框架则会限制和规制人的行为[③]。美国著名学者 RobertBager 认为：随着信息技术和计算机技术的发展，人类的基本行为准则和道德价值理念并未过时。他提出了三个基本的网络道德准则。一是防范不道德行为，鼓励遵守规则行为，惩处不道德行为；二是采用真实、公正、诚实等一致同意的原则；三是在禁止不道德行为的过程中应用以上原则[④]。

2011年7月，美国旧金山发生一起地铁系统警察开枪打死一名男子事件，理由是该名男子拿着酒瓶欲持刀袭警。该事件可以明显看到网络社会传播伦理问题。事件一发生一些人在地铁内举行抗议活动造成交通拥堵。美国当局凭着其丰富的管理经验、先进的管理手段成功化解了此次传播伦理事件，其做法值得我们学习。一是坚决果断处置危机。事件发生后，多个火车站发生民众意图集会抗议的事件，美国警方在获得确切情报后，以法律规定严禁在地铁月台或车厢内进行游行示威，也在当天下午果断切断四个火车站的移动信号塔供电，使该范围内的移动电话通讯中断，成功阻止民众组织并借助移动电话平台参加集会。第二，法

①塞伦·麦克莱. 传媒社会学［M］. 北京：传媒大学出版社，2005.

②丹尼尔·贝尔. 资本主义文化矛盾［M］. 南京：江苏人民出版社，2007.

③劳伦斯·莱斯格. 代码2.0：网络空间中的法律［M］. 李旭、沈伟伟，译. 北京：清华大学出版社，2018.

④理查德·A. 斯皮内洛. 世纪道德：信息技术的伦理方面［M］. 刘钢，译. 北京：中央编译出版社，1999：220-264.

律制度健全。美国的互联网管理法律有130多部，在立法数量上居全球第一；立法从宏观和微观两个层面，包括行业准入规则，数据保护规则，消费者保护规则，诋毁约束色情规则，防骗误传条例等多个方面。第三，有完善的管理架构。建立联邦通信委员会，如美国各州的广播、电视、卫星通信等都会被监管，甚至美国司法军方和情报部门都有专门的机构对网络进行监控，并对参与互联网管理的民间或半官方机构进行资助或控制。四是日常管理严格严密。美国对网络采取了相当严格的管制措施，美国安全部门可以“窃听民众电话通话内容，并以反恐为由查看网络通讯内容”。与此同时，政府与 Google、Facebook、微软等大型信息科技企业紧密合作，不仅共同推动方便政府在必要时破解加密信息，还开发出强大的“食动物”，对互联网信息进行存储、分析和追踪。

根据美国对伦理“失范”以及媒体伦理规范的研究，归纳出10条伦理准则：①公共利益优先，媒体行为的目的之一就是为公众服务，实现公共利益的最大化；②避免利益冲突；③保护消息来源；④新闻自由；⑤准确真实；⑥明确新闻界限；⑦独立；⑧保护隐私；⑨拒绝刻板印象和偏见；⑩禁止剽窃、抄袭。媒体的伦理规范。美国伦理规范的建立为这个网络社会提供了规范蓝本，也为网络社会参与人员加强自律的手段与依据。伦理规范标准的建立方便组织或行业外人员进行监督。

5.2.4 美国立法对我国的启示

美国是网络社会技术的发源地，对网络社会中传播伦理的构建也是比较全面的。如在网络安全方面，对于信息数据的保密美国有严格的保护法，即使是每个公民的信息储存方也有义务对信息进行保密，全面保护了公民和国家的安全，减少了社会伦理等事件的发生。如2001年美国通过了《爱国法》，明确为维护网络社会安全民众电话记录和数据可以被调查，这对网络空间的管控得到极大的强化。在社会安全方面，美国也进行了网络安全立法，如2010年通过了《2010年网络安全加强法案》、2015年通过了《美国创新与竞争力法案》，分别推进网络安全研究、技术标准制订和研究能够满足未来网络安全需求的加密标准和准则。在基础设施安全保护及网络安全审查制度建设方面，2017年政府颁发了《增强联邦政府网络与关键性基础设施网络安全》。

通过梳理上述相关法案，有关传播伦理的问题一直是学术研究的重点，但随着不同媒介的兴起，传播伦理问题也层出不穷。国内的研究更偏向于实践层面，通过分析相关的传播伦理问题，找到原因并积极提出解决策略推动传播伦理秩序的建构。随着互联网的快速发展，也给传播伦理的研究带来了难度。有关移动短视频传播伦理的研究往往旧的问题尚未解决，又出现了新的伦理问题，因此研究必须跟上网络发展的速度，才能有效解决传播伦理问题。国外学者的研究相对于国内的研究起步较早，其研究成果更为丰富，研究框架也更为完善，涵盖了传播伦理的建构与研究以及传播失范的研究。但对于国外的研究，因为中国的文化背景与西方的社会发展不同，西方学者主要有权利论、义务论和功利主义三种主流的经典道德学说。权利理论强调权利是道德的基础，强调对网络社会个体权利的尊重，强调对人的各种基本权利或自由的正义原则的尊重，强调在网络社会中的正当行为。除了对一些共性问题的关注外，西方国家更加关注信息自由，中国更加关注网络色情问题、网络政治民主问题、网络文化冲突与霸权问题、网络信息安全问题等，这些都是西方国家所关注的，因此国外的研究仅有参考意义。

5.3 日本综合保护模式管窥

5.3.1 日本网络伦理失范

日本是一个高度发达的国家，拥有世界上最先进的科学技术和网络，网络普及率很高。一方面人们可以很容易地获取和传播网络信息，很好地隐藏网络社会中的身份，这就为网络暴力提供了广阔的舞台，也为网络社会的传播提供了安全的掩护，这就造成了日本网络社会传播中存在着十分严重的伦理道德。另一方面，日本人民群众也面临很大的社会压力，既需要面对严峻的竞争和高昂的生活成本，也要严格遵守道德规范，这就可能导致人们的心理失衡和情绪压抑，而网络暴力就成为了他们发泄和宣泄的一种方式。

据日本网站Itmedia报道，日本保育学校的一名学生把人体内脏的照片贴到网上，还特意注明“令人作呕，请谨慎浏览”，照片在网络社会上引起轩然大波，也引起了社会的普遍关注。事后，日本保育学校在校园官网上向社会公开道歉，称学生的所作所为是伦理道德观念缺失的表现，校方对该学生进行严肃处理后再进行讨论。2008年日本东京秋叶原发生7死10伤惨案。起因在于凶手加藤在工作中沉迷于网络社会，遭遇到各种网络暴力，对社会产生严重不满，孤独感也在逐渐积累，本人被激怒后实施犯罪，驾驶卡车冲进步行街，撞死3人，撞伤2人，后又用刃长12厘米的匕首刺死4人，连刺8人。加藤事件引发了网络社会暴力的热烈讨论，人们将含有攻击、侮辱、敌意成分的网络言论称为网络犯罪预告言论，意指这样的言论可能会对目标人物造成伤害，或者在现实社会中迫使其犯罪，从而造成与犯罪同样的伤害。日本摔角手木村花于2020年5月参加恋爱实境节目《双层公寓：东京》的录制，因木村花个性倔强，多次在节目中与搭档发生口角。在她个人社交账号中出现了大量恶意谩骂和攻击的言论，因为她在出演电视台真人秀节目时的表现引起了一些人的不满。在日本国内引起巨大反响，这也让木村花本人受到沉重打击，最终不堪网络霸凌选择轻生，结束23岁的生命。

5.3.2 日本网络伦理治理模式

5.3.2.1 网络信息安全立法

日本对网络社会中的伦理问题反应比较早，1996年日本颁布了《关于网络信息流通的报告》，明确指出日本网络社会整顿活动的主导部门是网络行业协会组织，而不是民间团体主导，网络社会的管理是以行业自我管理为主。因此，日本的网络社会整顿活动主要是由网络行业协会组织政府通过一系列的法律规范，并不是完全放任自流，将网络社会置于可控的范围内。

日本政府和社会非常重视网络社会中存在的伦理问题，也采取了一系列的措施来预防和惩治网络伦理问题，一是成立了专门的国家信息安全中心，隶属于信息技术安全局，加强对网络犯罪的打击；二是日本警视厅特别委托软件公司开发了能够自动收集网络社会犯罪预告言论的软件，对网络舆情进行全天候监控；第三，日本的互联网行业自律制度也得到进一步完善，制定了强调行业自律与法治相结合的《网络事业者伦理准则》等一系列行业规范；针对网络不良信息的治理，日本政府也呼吁民间机构和社会团体积极加入。日本网络伦理问题逐渐得到改善。

虽然日本政府成立相关部门，仍然有不同领域的伦理事件存在于网络社会中，特别是针对明星等公众人物的网络攻击，已经成为一种非常普遍的现象。深入研究网络伦理的《神户新闻》等日本新闻界人士指出，在对网络暴力现象约束不力的十几年中，日本缺少立法，只强调行政管理和行业自律不够；《朝日新闻》报道称，为防止网络伦理问题的发生，日本法务大臣森雅子在记者会上表示，需要专门成立一个工作小组。她指出，网络社会伦理问题可以定性为侮辱罪，但日本现行法律对侮辱罪的公诉期只规定了一年，锁定网络伦理发布者需要一定的时间，法律执行起来有一定难度。因此，成立特别工作小组只是权宜之计，特别工作小组需要商讨采取更严格的措施或者推动新的立法或法律才是解决问题的根本途径；《产经新闻》报道，网络社会伦理问题破坏网络生态、颠覆公德良序，日本政府将健全专项法律，注重依法治理网络暴力。

针对网络社会伦理问题，日本专家制定了三步战略。第一步，国会议员、法学专家、社会学专家等组建研究团队，针对网络社会中存在的中伤、诽谤等暴力言论进行研究论证，是否通过有效立法途径解决网络伦理问题的必要性和可行性。研究团队还与网络暴力受害者建立密切的联系，听取他们的意见，为推动立法积累事实材料。第二步，推动日本国会立法，对网络社会中存在的伦理事件、暴力言语中伤、侵害了他人，政府可以授权网络管理者在网络社交平台进行删除处理，受害者可以基于法律，要求社交平台管理者公开诽谤、中伤信息发布者的个人信息。但是走到这一步的受害者网络社会中自身已经受到伤害，一切的维权只是减少伤害而已。日本国会于2022年6月颁布刑法修正案，将制造网络社会中的伦理事件定性为犯罪行为。目前网络上的诽谤、中伤在法外之地已经形成恶行，进而严格约束网民的行为。日本总务相高市早苗综合商议后表示，该犯罪最高可判处1年监禁，最高可罚款30万日元（约合 1.5万元人民币），匿名诽谤他人的行为是卑劣的，政府将加速对相关法律进行修改，对施暴者进行惩处。第三步，推动国会进一步立法：实名锁定网络暴力实施者。日本现阶段的《网络服务供应商责任限制法》规定，网络社会受害者只有在针对施害者提起诉讼之后，网络社会管理者才会提供发布者的姓名、住址、IP 地址等个人信息，为后期法律诉讼追究刑事责任之用。通过国会进一步立法确立，命名为《网络暴力对策法》，它有望成为全球第一部严格制约网络暴力行为的专项法律。《网络暴力对策法》包含三个方面。

①技术手段创新，做好不良信息过滤工作。为应对网络暴力言论等不良信息提供解决方案，日本警视厅用于收集网络犯罪预告言论的软件将得到升级和充分利用。例如，日本的一些网络平台联合 Facebook 和 Youtube 发表声明，严格监管网上骂人的用户，严重可进行封号处理。日本一些社会团体和媒体也呼吁，要利用创新技术提高网络素养和道德意识，抵制网络暴力，维护网络秩序。

②明确责任部门，有效履行行政管理职能。日本警视厅将设立数据网络无嫌疑调查中心，该机构对网络信息进行24小时不间断追踪分析，快速发现可疑的网络伦理行为，以便根据具体的嫌疑指控，一旦发现，马上由管理部门发布。即使受害者还没有发现在网络社会中已经遭受到了网络暴力，甚至没有发起诉讼，警方也会介入，实名锁定发布言论的人。此举在对实施网络暴力的人起到震慑作用的同时，有利于最大限度地保护受害者。

③推进网络言论实名制工作，激发公民责任。尽管这一举动在全球范围内仍存争议，但不能忽视实名制的作用，因为网络暴力言论传播的减少，以及由此造成的暴力案件数量的下降。为了保障互联网上的信息安全，日本从2000年2月开始实施《反黑客法》，2002 年制定了《特定电子邮件法》，2005年通过了《电子签名鉴别法》等。

5.3.2.2 网络文化立法

日本政府在网络社会一直还在寻求网络文化立法并且制定了相关法

律为其提供保障。在2001年颁布的《文化艺术振兴基本法》中，规定对美术馆的作品展览可以利用网络社会进行支援，以及应用互联网技术对文化艺术作品进行记录、公开和展览的支援。2004年颁布的《促进创作、保护和灵活运用艺术内容法》中对网络社会文化创作、保护和利用的基本理念作了明确规定，将电子书等新型出版模式纳入著作权法保护范围。2011年6月修改并颁布了《著作权法》。在最新的商标法中，也加大了对销售仿制商品的处罚力度。

5.3.2.3 未成年人安全立法

未成年人网络犯罪随着网络社会的不断发展，越来越频繁，且呈上升趋势。因此，日本政府为了给未成年人营造良好的网络环境，于2003年9月出台了《关于限制利用网络交友网站诱骗儿童买春的有关法律》，规定利用交友网站发生性行为的未满18岁的未成年人，以援助交际的方式与之发生性行为，属于犯罪行为。2004年，《不良网络对策法》颁布并召开了“不良网络青少年信息对策与环境治理工作推进会”。日本政府分别制定了不同的法律和方针，以解决网络社会中未成年人存在的不同问题。例如，日本2008 年通过了旨在加强对未成年人手机上网保护的《青少年网络管理法》，规定为防止有害信息对未成年人的伤害，销售商必须在向未成年人出售手机时使用手机上的过滤软件。此外，还有2010年颁布的《杜绝儿童色情综合对策》，2013年针对网络欺凌问题颁布的《欺凌防止对策推进法》等相关法律。

5.3.3 日本立法对我国的启示

进入21世纪，网络社会发展和国家安全中的作用更加凸显，而由互联网引发的信息不安全事件时有发生。2000 年，日本提出了建设高度信息化社会战略，颁布了《高速信息通讯网络社会形成基本法》（简称《IT 基本法》），《IT 基本法》的主要内容之一就是要确保互联网这一信息传递渠道的安全并加强对个人信息的保护。《IT 基本法》第22条规定：“在制定与高速信息通信网社会形成的有关规则时，为确保高速信息通信网的安全性和信赖感，对个人信息进行严密保护，使居民放心使用互联网，应当采取必要的措施。”

5.4 网络社会中武术移动端视频传播伦理问题规避的域外镜鉴

第一，组建网络伦理研究的科研团队迫在眉睫。目前我国的网络伦理研究分散在计算机科学、伦理学、传媒学、思想政治教育等领域，它们从各自的学科建设入手进行深入的探索，在伦理道德方面提出了一些具体的规范。但总体上研究是条块分割、不成体系的，网络伦理的范畴还没有达到共识性，还没有形成完整的体系。

第二，要加强网络“元”伦理的研究。国内的网络伦理研究在一定程度上缺乏深度的“元”。由于应用伦理学的范畴归属，国内的网络伦理研究普遍比较注重伦理原则和道德规范的铺陈工作，而对网络各要素如“善”与“恶”、“应”与“不应”、“权利”与“义务”等问题的“元”理论思考，多数学者只是就某一具体问题提出看法，真正系统地立足我国网络社会特点的元伦理研究或规范伦理研究还较少。这种状况直接影响到了网络“元”伦理的学科建设，即根据这种行为的道德推理得出的所谓理性行为方式的理论基础和实际操作性往往是不足的，这就造成了相应规范形同虚设。比如，网络伦理的概念虽然已经被广泛使用，但是作为一种新的伦理范畴应该如何科学、准确地界定，以及在此基础上出台科学可行的伦理规范，仍是一个十分棘手的问题。

第三，本土化的网络伦理一定要与本国的民族文化相结合。对于不同文化背景的网民来说都有这样一个潜在的问题：我为什么要遵守这些规范？这个看似简单的问题，直接关系到不同网民的文化背景和道德认知基础（价值体系）。也就是说，从本民族的价值体系出发，逐步内化为道德命令，国民才会认同这些基本规范。其次欧盟、美国、日本制定的这些规范，并不能解决各国面临的网络伦理问题，因为民族文化的差异、思想观念的差异。西方网络伦理的基本理论和观点，受西方社会经济、政治和文化条件的制约，实质上是西方社会各种利益矛盾的反映，是道德价值观念的体现。对于西方的网络伦理，只能是针砭时弊的参照物，绝对不能照搬照抄。

因此，中国网民赖以生存的基本文化背景，一方面必须以自己国家的民族文化为基础，在中国网络伦理的研究和实践应用中，也是影响其网络行为的基本因素之一；另一方面，我国是处于社会主义初级阶段的发展中国家，也必须尊重这种基本国情。中国文化和西方文化差异很大，政治体制更是如此。文化传统的差异，必然造成社会心理氛围的差异，规范制度的产生也不尽相同，同样发生和发展的还有网络道德。我国网络伦理的研究和发展，必须以社会主义核心价值观为指导，以中华道德文化特别是儒家伦理为基础，合理吸收借鉴西方伦理的合理成分，确保社会主义意识形态在网络阵地上的主导权。

6 网络社会中武术移动短视频传播伦理问题的规避之路

党中央把网络社会的信息安全置于中华民族伟大复兴的战略全局中，习近平总书记指出“网络已是当前意识形态斗争的最前沿。掌控网络意识形态主导权，就是守护国家的主权和政权”[①]。有“网络文化的发言人和观察者”之美誉、被称为“硅谷精神之父”和“世界互联网教父”的凯文·凯利在2016年出版的专著《必然》中，指出目前的互联网尚处在“开始的开始”阶段，未来的发展将会是“令人难以置信”的，真正伟大的东西也必将远远“超出我们的想象”。

前文通过对网络社会中武术移动短视频伦理问题表现的分析可以发现，武术移动短视频传播的伦理问题亟须应对，如何加强武术传播建设和保持清朗、健康、积极、向上的网络环境和社会心理，是当下需要思考和重视的问题。通过对网络社会中武术移动短视频伦理问题成因的分析发现，相关问题背后有着深层次的原因，可以说，武术伦理问题的成因是多因素导致的，具有强烈的复杂性。爱因斯坦曾言，“科学是一种强有力的工具。怎样用它，究竟是给人类带来幸福还是灾难，全取决于人自己，而不取决于工具”。武术移动短视频发展至今，网络技术本身对武术的影响有必要被重新评估。本部分旨在对网络社会中武术移动短视频伦理问题进行相应的规制与调试，在行文过程中，首先对网络社会中武术移动短视频伦理规范建构的原则进行应然探析，在此基础上探究网络社会中武术移动短视频传播伦理问题规避的思维方式应然转向，最后探究网络社会中武术移动短视频伦理问题的协同治理的实践策略。

①习近平．论党的宣传思想工作［M］．北京：中央文献出版社，2020：22．

6.1 网络社会中武术移动短视频传播伦理问题规避理念的应然建构

6.1.1 人本理念建构

两千多年前，孔子“问人不问马”的著名历史典故体现出“以人为本”的价值意向。德国哲学家康德（Kant）提出“人是目的”的论断。“以人为本”是贯穿于马克思主义思想的一条主线。“人”具有最高的价值，是衡量万事万物的最终尺度。从哲学价值论角度考量，以人为本理念强调“人永远是目的而不是手段”，体现出“天地之性人为贵”（《孝经》）的价值理念。以人为本理念有利于消除“物”对精神的奴役，回归人的内在精神世界，有利于更好地激活现代人的潜能，有效防止“人的空场”。虽然现代社会瞬息万变，但是“人”仍旧是价值尺度的最终尺度，“道不远人”“回归生命本位”是一以贯之的原则。以人为本理念是一把“万能钥匙”，体现了对人生命的关怀、关切和关心，可以有效地防止混淆是非，防止现代性的逻辑悖论，从而恰当地避免现代性的伦理危机，抵制不文明现象的发生和蔓延。

移动短视频与“人”息息相关，最终目的也是要为“人”服务，可以说，没有对人性的深刻洞察，网络技术就无法促进人类社会的发展。网络社会中武术移动短视频的发展标准均能够从“以人为本”这一理念中找到依据，正是因此，克服武术移动短视频伦理问题之时要以“人”为中心，用“善”进行良性诱导，这可以有效防止武术移动短视频内容生产暗藏的异化转向。

前文分析发现，网络社会中武术移动短视频在传播过程中伦理问题的核心就是人文精神的缺失。人本理念旨在说明武术移动短视频的传播应主动为人服务，防止网民被娱乐化、低俗化的内容驱使，导致人的主体性被弱化。为此，武术移动短视频的传播者不能唯利是图，不能一味地推崇流量至上的运营理念，不能只奉行工具理性而忽略价值理性，不能只奉行功利主义思想而缺少人文关怀，不能因个人私利虚构、捏造武术内容，更不能用低俗、庸俗、媚俗的内容来吸引点击率，不能够因个人私利而违反伦理准则，不能用媚俗的方式通过夸大传统武术的社会危机来吸引点击量。网络社会中武术移动短视频传播应坚持“内容为王”的原则，彰显技术的人文属性，向世人传递正确的人生观和价值观，促使武术传播更好地为人服务，表现出对生命的尊重。同时，武术移动短视频传递的内容要贴近大众的生活，在技术层面能够有效提升民众的健康水平；在精神层面，能够丰富受众的精神文化内涵，提高受众的艺术审美水平；在社会层面，能够促进社会的稳定和谐。另外，人本理念的构建在克服武术移动短视频伦理问题之时不是消除个体的差异性价值诉求，而是满足受众多层次的武术信息需求，为受众接受和选择武术信息提供便利，借此可以有效提升网络社会中武术移动短视频的公信力。

人本理念的构建可以促使武术移动短视频从人们的日常生活中来，又能够回到人们的日常生活中去。在武术移动短视频传播过程中注入更多具有道德、审美等精神层面价值的内容，从而更好地丰富网民的精神世界，为大众送上品味高雅、内容丰富的武术内容，并获得良好的情感体验。作为网民，应主动成为一个理性的用户，从而有效强化自我抉择的能力。作为平台，应充分保障社会个体的言论权利，使得传播内容更加民生化，更好地满足受众的信息需求，体现出网络社会中武术移动短视频传播的人文精神，践行抖音软件“记录美好生活”的口号。

6.1.2 服务理念建构

移动短视频具有新颖的表现形式，对武术传播有着独特的优势。但是，武术移动短视频的发展不能仅仅为资本服务，而应服务于武术，更好地彰显出对武术的人文关怀，从而更好地关照武术的现实发展，主动服务于武术的健康发展。

武术作为中国传统文化的“符号载体”，国人对武术有着深入肌肤的情感。服务理念的建构应首先遵循“无害性原则”和“最小伤害原则”，坚守道德底线，防止过度娱乐化和群体情绪感染导致武术发展的迷失。在此基础上，服务理念的建构应在尊崇武术公共利益优先原则的基础上寻找价值共识和普遍自由，倡导正能量主题，服务于武术的社会公共利益，营造良好的武术文化传播氛围，从而发自内心地促进武术健康发展，借此可以对武术移动短视频形成正确的价值引领，克服武术移动短视频传播过程中的伦理问题和低俗化危机。2020年疫情期间，一个身穿睡衣扔垃圾的女孩儿火了，她一套行云流水的武术动作，把英姿飒爽这个词诠释得淋漓尽致，视频当日播放量超过3200万次，引发了网友对武术的广泛关注和支持，这对武术宣传起到了积极的作用。近年来，抖音上出现了大量的养生八段锦、太极拳八法五步、武术基本功的教学视频，这在服务于武术传承和发展的同时受到了社会大众的广泛好评。为此，武术移动短视频在传播过程中应以审美的形式表现出来，体现出导向的积极，加强优质内容产出，更加注重武术传播的社会价值，努力做到既喜闻乐见又传播正能量，从而有效防范武术移动短视频的媚俗化，体现出对武术健康发展的引领作用，促使受众跟武术更容易形成情感联结。在利益获取方面，武术移动短视频应在社会效益和经济效益中做出符合社会道德风尚的选择，兼顾商业性和创造性，通过高质量的视频内容来吸引眼球、赢得观众，注重武术传播的专业化发展，促使武术移动短视频的传播内容结构更加合理，获得更为长远的利益。服务理念的建构是武术移动短视频健康发展的重要保障，可以实现武术移动短视频经济效益与社会效益的统一，从而更好地造福于武术发展。

6.1.3 真实理念构建

网络社会创造了运营智能化、内容多样化的武术移动短视频生态环境，在这一环境下武术信息得以传播，并使得武术传播形式、内容构成和组织架构都出现了新风向。但是，网络技术难以克服自身带来的伦理性问题，我们不能一味地将智能技术奉若神明。前文论及，网络社会中武术舆情引爆点更隐形，谣言等虚假信息的传播严重影响了武术的健康发展，虚假的信息内容使得武术的社会形象断崖式下跌。网络社会不受限制、没有边界的观念存在着固有的错误，这对武术传播构成威胁。北京大学教授陈汝东认为：“在传播过程中，无论传播主体的动机多么善良纯洁，态度多么诚恳，如果信息不真实，就一定在客观上误导甚至伤害他人。”

失实性的武术信息容易造成受众价值取向的偏离，不能为武术的健康发展提供有效的价值支撑。求真就是追求真理，是对客观世界的本质的叩问和证实[①]。正是因此，真实是武术移动短视频高质量传播的前提，这要求我们在借助武术移动短视频传播武术之时传播可以溯源的可靠信息，既不能刻意地对武术进行浮夸吹嘘，又不能把武术贬低得一无是处，而是需要在确定信息来源真实性的基础上对信息进行传播，防止混淆大众的武术观念。真实理念的建构是武术移动短视频传播的重要标尺，为此，应抵制一系列炒作、造假等行动，传播的内容不能以新奇噱头为主，做到“不造谣、不信谣、不传谣”，不给武术谣言的滋生提供条件，更不能让武术谣言在网络社会中呈几何式的传播和扩散。

求真理念的建构，旨在真实地反映出武术的原貌，具体包含两方面的含义：第一，对于武术积极的部分要褒奖，不能刻意地造谣，防止流言、谣言对武术产生伤害。这旨在说明武术移动短视频在传播过程中不能因武术的一点瑕疵和网民浅表式的理解就彻底否定武术，减少故意摆拍、断章取义、二次拼接等方式，防止网络谣言和虚假新闻泛滥。第二，对于武术历史中产生的糟粕内容要如实的批判，不能刻意地袒护，而应主动反思武术尤其是传统武术的弊端，做到该批判的就如实批判，该褒奖的就大力宣传。这旨在提升武术移动短视频信息传播的准确性，做有伦理操守的“真相挖掘者”，从而更容易形成共识，以理性、客观的方式看待武术，借此争夺网民的有限注意力，真正促进武术移动短视频的良性发展。

武术移动短视频在传播过程中通过展示主流观点、指导分析模式、揭示实践真相、提供思考范式等手段，可以有效提升信息的真实性和依据性，防止移动短视频平台成为武术非理性的公共讨论空间。在具体实施过程中，需要注重实证方面的研究，通过调研获取与武术实际相符的信息，对有代表性的现象进行周密而仔细的研究，找到原因并积极提出解决策略推动武术移动短视频传播伦理秩序的建构，从现象到原因再到治理，使解决对策有据可依，以争夺舆论主导权，从而有效获得舆论主导权。

---

①曾山金，龚巧茹. 教育管理的目标是求真［J］. 江苏高教，2005（4）：31-34.

6.1.4 整体理念建构

网络社会中武术移动短视频传播伦理问题的成因具有较为强烈的复杂性，为此，在克服相关伦理问题之时需要树立整体的理念，不能一味“崇尚简约、割裂整体”，以防止顾此失彼，从而形成多管齐下的治理模式，形成多方联动的机制。整体理念的构建为网络社会中武术移动短视频信息传播提供了思路，具体体现在多个方面，具体而言应从以下几个方面着重发力：

第一，武术伴随着中国历史发展而来，形成了博大精深的体系，可以说，既有踢打摔拿之技，又有修身健体之内涵。武术既讲究形体规范，又要求内外合一、精神传意的整体观，防止系统逻辑被割裂。网络社会中，武术移动短视频构成了多元化的内容生态，应充分展现包含武术哲学、武术美学、武德、武术谚语、武术史事、武术技法、武术影视、武术医学等包罗万象的武术内容。在网络社会中武术移动短视频传播过程中不能只见树木，不见森林，而应兼顾武术的多元文化价值体系，构建优质内容生态圈，这更有利于武术理论知识的建构，并可以更清晰、方便和快捷地分析武术，从而做到整体、辩证地看待博大精深的武术，使之更好地展现自身的魅力。

第二，网民在网络社会中具有传、受双重身份（兼具“受者”和“传者”的双重身份），单向度思维、极端化方式对武术文化内涵的传播显然不利。为此，应摒弃二元对立思维，从而更好地引导舆论方向，更好地构建“网络空间命运共同体”，秉持疏堵结合的原则，注重治理主体的多元化，强调不同主体之间的协调互动。在此基础上，提出较为系统性的方案，从而更好地引导舆论方向，更好地构建“网络空间命运共同体”。这是网络社会中武术传播秩序形成的重要基石，借此才能明晰武术移动短视频传播秩序规范与引导的理论逻辑。

第三，网络社会中的武术信息权力并非“网络”与“武术”的简单嫁接，而是武术信息权力在网络社会中生成的新型文化景观。其失范既有内因又有外因，既有心理根源又有社会根源，各种历时态、共时态的问题交织，出现错综复杂的问题。复杂性思维是以整体思维、非线性思维、关联思维、辩证思维为其主要特征的考察事物运动变化的方式[①]。正是因此，相关问题的成因因不单一而致使问题复杂化。简单性方案难以有效应对当下的复杂情形，需要多方发力、多措并举培育合力，要对互联网技术对社会产生的影响进行一种整体上的知识回应，将其作为一种综合性的现象并加以综合性的研究，建立科学高效的协调配合机制，注重治理方式的多样化，注重网络技术与武术移动短视频文化内涵之间的双向互动，形成多方参与的共治理念。

第四，在网络社会中，武术移动短视频传播，应在生产、把关、推送等各个环节，而是重视武术信息传播内部各组成部分之间的关系的研究，在整体性思维的指引下进行多方统筹，并充分意识到它们之间的共生关系，从而防止双面性现象的出现。这体现了辩证的思维，体现了相辅相成、相互促进、协调发力的弘扬理路，可以有效提高解决问题路径的可操作性和实用性，防止"顾此失彼"的窘境和文化生态的失衡，真正地解决相关深层次的问题。

6.1.5 发展理念建构

一部人类文明史，就是一部人类不断发明、掌握传播媒介的历史[②]。科学技术推动了媒介的发展，科技的每一次进步都对媒介产生巨大影响，借此也对武术传播产生多维影响。武术传播是一个动态的过程，武术传播大致经历了口语传播、文字传播、传统媒体传播、新媒体传播等时代。麦克卢汉曾指出，每一种新媒体的出现都宣告已进入一个新时代。尼尔·波兹曼（2015）提出虽然文化是语言的产物，但是每一种媒介都会对它进行再创造[③]。兰斯·斯特拉特（2016）提出"媒介构成了文化的

①吴今培，李雪岩，赵云. 复杂性之美［M］. 北京：北京交通大学出版社，2017 ：10.

②熊澄宇. 媒介史纲［M］. 北京：清华大学出版社，2011：1.

③尼尔·波兹曼. 娱乐至死［M］. 章艳，译. 北京：中信出版社，2015：10.

惯性思维方式"①。人们对武术的认识源自于媒介，借此也传递出了各种价值判断，这深刻地影响着习武者武术传播的思想、情感和审美。

1966年，日本的泽村忠在东京涩谷与泰方选手进行交战，结果泽村忠被泰拳选手屡次重创，全身负伤达16处之多，使之半个月未得痊愈。经过此战，泽村忠彻底看到了日本传统武术的落后，从而萌发了改进传统空手道的想法，这一现象说明发展的重要性，体现出"唯变所适"的宗旨。传统社会是武术生成的重要语境，在这一语境下，基于武术的特殊形态，借助语言、身体媒介是武术传播的重要方式。随着网络社会的兴起，早期的武术传播方式逐渐被弱化，促进了武术传播的"创造""转化"与"出新"。网络社会对工业社会能带来的结构性影响，一点儿也不亚于工业社会对农业社会所带来的历史性冲击②。移动短视频作为新媒体发展的新产物，其用动态化与具象化的形式将武术记录下来，展现出强大的传播应用价值。

时间不能倒退，历史的车轮永远向前，对武术移动短视频传播的复合作用评价需要超出单纯的拒斥或赞誉这两种常见的态度。发展理念是克服武术移动短视频伦理问题的题中之义，是解决伦理困境的"总钥匙"。时下，移动短视频业已成为武术信息传播不可或缺的媒介，不同于大众传媒时期的纪录片，往往不使用专业的叙事手法，并非专业人士策划与拍摄。应充分借助武术移动短视频即时性、便捷性等方面的先天优势，促进传统更好地与移动短视频App进行结合。为此，应坚持发展理念和与时俱进的原则促使武术在更广的范围内普及，从而更好地创新应对，赶上时代的步伐，以达到推动武术移动短视频健康可持续发展的目的。

武术传播媒介的转型本身是一把双刃剑，一方面对武术的传统价值观念产生了冲击，同时也促进了武术传统价值观念的发展。武术传播既享受着媒介发展带来的便利，同时也承受着媒介带来的负面影响。从社

①兰斯. 斯特拉特. 麦克卢汉与媒介生态学［M］. 胡菊兰，译. 郑州：河南大学出版社，2016：4.

②张林. 自媒体时代社会话语生态变迁：生成模式、主体形式与权力结构［J］. 理论导刊，2019（12）：68–72.

会学层面的“技术—控制”角度出发，任何媒介传递的符号都受到各自媒介性质的制约。媒介环境学认为，媒介不是中性的和无价值标准的，每种媒介都有自己的内在倾向性。习近平在致首届中国网络文明大会的贺信上指出：“网络文明是新形势下社会文明的重要内容，是建设网络强国的重要领域。”①媒介形态的变革促成了武术传播范式的革新，基于对武术移动短视频传播之时的媒介偏向认识不够清晰，导致武术传播面临很大考验。发展传播学研究的时代语境已转至后疫情时代中网络联络沟通的时期，因此在新阶段对该理论的把握也应因地制宜因时而变地实现由微观到宏观、由表及里的渐进式全新探索。将传播伦理置于武术移动短视频信息传播的重要位置，通过预测事物的发展趋势，从而更好地适应新的传播规律。在明晰武术传播媒介偏向规律的基础上，建立起与武术自身情况相适应的传播体系，从而防止伦理观念的无序和混乱，更好地构建和谐稳定的武术舆论环境，促使武术以一种现代性的姿态得以传承和发展。

6.2 网络社会中武术移动短视频传播伦理问题规避的思维方式转向

思维是人脑对信息的加工活动，是认识活动的高级阶段。作为一种内隐文化，思维方式有其特定的表现形式和内在本质。武术传播的理论与实践是思维方式的外显形态，背后蕴含着特定的思维方式。思维方式在宏观上具有方法论意义，决定着人们的认知视野，是元认知研究中的重大问题。在面对武术传播理论与实践发展之时，人们会按照一定的思维方式不假思索地纳入到习惯性的思维框架和思维轨迹中进行处理。思维方式站在时代前沿引导武术传播理论与实践的发展，体现出认识和把握武术的巨大功能；可以说，思维方式在前，行为在后，思维方式的不同决定了武术发展轨迹的迥异。

思维方式不是一成不变、本源性存在的，它在人类生产与实践的基础上发展、演变，体现出动态性。武术传播的理论与实践的思维方式与特定的历史条件联系在一起的，每一阶段都由各自相对独特的思维方式

①习近平谈治国理政：第 4 卷［M］. 北京：外文出版社，2022：319.

所塑造。每一时代的理论思维，都是一种历史的产物，在不同的时代具有非常不同的形式，并因而具有非常不同的内容①。与此同时，思维方式在一定时期内具有相对稳定性，有着鲜明的时代特征。可见，思维方式是变动性与稳定性的辩证统一，它一方面由社会存在所决定，在一定的时期内有着较为稳定的思维定势，另一方面又是变动不居的，体现出流变性。人类社会大致经历了农业社会—工业社会—网络社会等社会形态，在不同的社会形态下武术传播理论与实践所面临的问题都各有差异，由此形成了具有标志性意义和不同内涵实质与面貌特征的思维方式图景。在此背景下，通过社会形态的更迭，深入探讨武术传播理论与实践发展过程中的思维嬗变可以检视不同社会形态下思维方式的利弊，在此基础上，探究思维方式革新，从而促进武术传播理论与实践的创新性发展和创造性转换。

正确的思想必须依赖科学的思维方式，思维方式的变革是解决武术传播理论与实践流弊的重要切入点。为此，武术传播必须从传统思维方式的束缚中挣脱，从新的角度分析思维方式的转向，从而为决策提供较为科学的依据，并进而形成一定的知识和理论体系。思维方式是话语体系的内核，促使武术传播理论与实践得以呈现，思维方式与话语有着紧密的逻辑关系，话语体系是思维方式的外化和对象化，二者是一体两面的关系。在这种背景下，思维方式的转向被提了出来。武术传播理论与实践的创新性发展也有赖于思维方式的变革和转换。可以说，武术传播理论与实践思维方式的变革是顺应时代发展的现实性课题和时代性课题，由此提供了思想观照与学理参验，从而以新的视角认识和发展武术。

6.2.1 思维方式及其意义

思维，古作“思惟”，即思想、思量之意，用英文表达为

①马克思，恩格斯. 马克思恩格斯全集（第30卷）［M］. 中央编译局，译. 北京：人民出版社，1972：465.

“thinking”。主体通过思维活动实现对世界的观念掌握，而思维活动总是在一定的思维方式中进行的。在广义上，思维方式是指思维系统诸要素相结合和运用的模式；在狭义上，思维方式是指以观念为核心的意向性的活动模式，是人们在思维活动中用以理解、评价和选择客观对象的基本依据和原则，是一定群体的人们所共有的思维活动的观念框架①。思维方式是指在一定社会、一定时代，思维主体按照特定的需要与目的，运用思维工具去接受、反映、理解、加工思维对象的思维活动的样式或模式。思维方式是人类精神意识的一种外在表现，从思维与存在的关系上讲，思维方式根本上是由物质生产方式所决定的。思维方式支配着主体的认识活动和实践活动，思维方式变革对于主体的认识活动和实践活动具有导向性和规范性的功能。思维方式从特别的社会条件和文化背景下产生。

思维方式是习武者用以认识与把握、观察和解释武术的思维活动样式，发挥着选择、指引、评价和辩护的功能，决定着人们看待事物的角度、方式和方法。作为意识层面的思维方式必然要顺应时代的变化相应变革，否则陈旧的思维方式将会阻碍整个人类社会的发展。不同的思维方式甚至会产生截然相反的看法，对待相同问题之时采取不同的方案，并有可能带来历史性的跃迁。思维主体、思维客体、思维方法是构成思维方式的三个主要因素。思维主体是思维活动的承担者，是指具有思维能力、从事实践活动的人。思维主体对思维客体进行认识需要借助一定的思维方式。

爱因斯坦宣称，如果人类要生存下去，我们就需要一个崭新的思维方式。思维方式起着方向性的导向作用，这直接关系到武术传播理论与实践的顶层设计。思维方式具有巨大的威力，当代实践、科学和时代的新格局，既提出了思维方式变革的强烈要求，也为思维方式的变革提供了强大的推动力量，最终促使理论活动和实践活动显示出开创性特征。

①姜锡润. 论思维方式的核心、特性、作用和当代变革［J］. 马克思主义哲学研究，2004（00）：88-97.

6.2.2 传播媒介与思维方式的关联逻辑

媒介一词最早出现在《旧唐书·张行成传》中，并提及“观古今用人，必因媒介”，主要是指使双方发生关系的人或事物。从某种意义上人类社会发展史是一部媒介变化史。媒介的变化改变着人类信息传播方式，信息传播方式从侧面反映了社会的形态。史前农业社会，人们的传播方式主要靠口语媒介；农业社会，除了口语媒介，主要媒介是手抄书，但流通量有限，因为大多数人不通文墨，书籍主要是为学者和教士这一精英阶层而生产的。农业社会中期，中国活字印刷和造纸术的发展，才使印刷文化、字符媒介为人类文化的生产、传播和信息的存储带来了伟大的飞跃，极大地推动了文化的解放、生产与发展；人类社会进入工业社会之后，大城市兴起，出现了电影、收音机、电视等现代媒介，它们便成为都市民众新的娱乐方式；在信息社会中，主导媒介就是储存并加工信息的电子计算机和移动互联设备。

口语媒介产生前人们的交流仅限于面对面的交流形式，如实物语言与身势语言。加拿大传播学家马歇尔·麦克卢汉认为“媒介是人的延伸”，媒介代替人体感官行使某种功能，以便人和他物之间产生联系。如书籍是人的眼睛功能的延伸，广播是人的耳朵功能的延伸，电视、电话是人的眼睛和耳朵功能的延伸等。被誉为当代美国大众传播学鼻祖的施拉姆认为：媒介是大众传播过程中用来扩大与延伸信息传递的渠道和工具，其作用在于承载并传递信息给大众。传播媒介与社会文化、科技等诸多领域有着直接的、密切的关系。

不同的媒介赋予了不同的时间和空间，这决定着人与人交往的方式①。媒介是信息传递、交流的“结构性条件”，人类文明的传播离不开媒介的力量。媒介存在特定的内在符号结构，决定着信息编码、解码的规则。正因如此，不同媒介传递的武术信息受到媒介传播规律的制约，媒介偏向性地形塑着武术传播的运作逻辑与实践样态。伴随着武术传播

①吴伯凡. 孤独的狂欢：数字时代的交往［M］. 北京：中国人民大学出版社，1998：315.

研究的不断深入，国内学界已经意识到媒介对于武术传播的重要意义。相关研究主题有：媒介嬗变中武术传播的发展历程（王岗、张大志，2007；刘军，2014）、武术期刊媒介对武术跨文化传播的影响（孟涛、蔡仲林，2013）、武术文化传播的媒介类型分析（吴攀文，2016）、不同媒介在武术传播中的优势和劣势（李凤芝，2016；王诗萌，2017）、影视媒介对武术传播的影响（白俊亚，2017；何汛，2017）、现代数字传播媒介对武术传播的影响（韩瑞明，2018）、视觉媒介对武术传播的影响（李俊俊，2019；李芬，2022）、媒介即隐喻视角下的武术国际化传播（白雪辉，2021）、新媒介背景下武术传播的困境与突破（赵歆，2021；刘海波，2022）等。

媒介并非中性而是带有其固有的偏倚性，媒介偏向对武术传播产生的影响隐蔽又深远。武术发展历史悠久，其传播媒介经历了从简单到复杂的进化历程，媒介变迁史暗合了武术传播的演进史，映射出武术传播演化的元过程。媒介偏向的特性使得特定群体在武术传播过程中掌控话语权，借此有效地形塑了武术传播的运作逻辑和实践样态。传播学家伊尼斯认为，“一种媒介经过长期使用之后，可能会在一定程度上决定它所传播的知识的特征”。从这个角度分析，传统社会中武术传播媒介相对稳定，武术形成了以口传心授、言传身教为主要特征的师徒传播模式，传统武术借此形成了独特的文化形态，带有不可磨灭的“前现代”烙印。传统社会中，语言和身体媒介偏向下武术通过肉体之身的真实在场实现了人际间的具身传播，并一定程度上促成了传统武术象形取意、以形喻势等特殊形态。现代化进程中，媒介的嬗变和更迭破坏了传统社会中武术传播的媒介环境，再加上武术传播实践没有及时转型，进而导致武术现代化进程中遇见一系列问题。新媒体模式大大地突破了人们在认知对象、范围、手段和思维上的局限性，打破了传统认知的界限，促成了认知和思维方式的变革，使认知变成来源多样化、分工精细化、手段先进化的社会化互动、互助和自主的学习过程[①]。可以说，近代以来，互联网媒介传播内容的互动化偏向保证了武术信息的高度开放，提供了

①顾肃. 大数据与认知、思维和决策方式的变革［J］. 厦门大学学报：哲学社会科学版，2021（2）：34-43.

传统媒介无法比拟的交互性体验，与此同时，互联网媒介构建的拟态环境与真实环境存在区别，数字身体的虚拟在场无法实现习武者的身体接触，其偏向于刺激感官层面的直觉，增大了武术传播过程中受众对武术的认知偏差感。

6.2.3 互联网思维：网络社会中武术传播理论与实践传播的主导性思维方式

1994年中国获准接入国际互联网，次年网络向社会开放并提供服务。计算机技术发展一日千里，网络作为一种工具进入人们的生活，以互联网为代表的数字技术强势覆盖了多数人口。人类社会由“传统大机器生产”的工业社会向“现代科技智慧型生产”的网络社会转变，出现了数字化转型，带来了人们对社会的全新思考。互联网作为一种新的信息传播技术和媒介的应用，极大地改变了世界，甚至创造了一个新的社会形态。克里斯·安德森认为，“与其说互联网是一场技术革命，不如说他是一场社会革命”。李彦宏指出，“用互联网的方式去想问题”。网络社会的到来，新媒体的发展引领了信息传播方式的飞跃，互联网的出现极大地改变了人们的生活方式，促成了各类信息的快速交流，由此也加快了思维方式的转变速率，革新了武术信息传播的介质、平台和渠道，武术信息生产和传播机制发生革命性变化。媒介技术是人的思维与行为方式的尺度和规范，也是建构认识模式的决定力量①。奇虎360的董事长周鸿祎在接受《中国青年报》记者专访时说：在当今时代，互联网是颠覆一切的力量。在认识上把人们的世界分成了两种社会——现实社会与虚拟社会。互联网思维体现出网络技术对人们思维方式的影响，由虚拟化生存方式带来。如果说以往占主导地位的是现实思维方式的话，那么今天则发展为虚拟思维方式，这一切都是因为虚拟生存方式的出现②。互联网思维本质上是在现代信息科技革命下的人类思维形态，是人类思

①马歇尔·麦克卢汉. 理解媒介［M］. 何道宽，译. 南京：译林出版社，2011.

②贾英健. 虚拟生存论［M］. 北京：人民出版社，2011：62.

维能力与现代科技发展的产物，体现出明显的信息技术的属性①。互联网思维是对网络社会的反映，互联网思维成为网络社会中武术传播理论与实践发展的底层逻辑，武术走上了互联网思维建构的康庄大道。在武术传播理论与实践中，互联网思维是基于网络媒介技术，重新审视武术传播理论与实践的思维方式。武术传播理论与实践加速向网络社会迁移，习武者也逐步从现实生存向网络生存转变。

6.2.4 武术传播中互联网思维的特征

（1）简约性

麦克卢汉使用“冷媒介”和“热媒介”对媒介进行划分，二者划分的主要标准是对于媒介信息完整性的估量。热媒介的信息是从反映一件事而引申出的“完整含义”“清晰度高”；冷媒介只是提供较为有限的信息量，传播“点滴含义”“清晰度低”②。现实生活中的杂志、报纸、电视往往可视作热媒介，其往往提供较为完整的信息。网络技术提供的信息是“点滴含义”，简约性成为互联网思维的重要特性，其中代表性的成功案例就是苹果手机，苹果手机在3G、4G 等手机核心技术上都没有获得专利，但凭借“外观简洁、操作简便”的极简主义设计风格大获成功。在这种背景下，武术传播理论与实践的发展体现出简约性，人们试图用凝练的话语对武术传播理论与实践进行简略概括，强调简单和快捷，拒绝过度修饰。如武术移动短视频是网络社会中武术的信息传播的主要形式，短视频全息地传播影像符号，成为武术传播的重要载体意味着习武者认知武术的思维范式转向。移动短视频是“后文字时代”的一种平民媒介，武术移动短视频直观生动导致受众不必凝思，其感性信息为人们带来了最直接的感官刺激，信息“唾手可得”的把握。这种简约性是武术传播理论与实践发展过程中，使得读者能够迅速、方便地阅读

①黄河. 马克思主义哲学视阈下的互联网思维及其运用［J］. 上海师范大学学报：哲学社会科学版，2018，47（3）：48-54.

②马歇尔・麦克卢汉. 理解媒介：论人的延伸［M］. 何道宽，译. 北京：商务印务馆，2000：51.

武术信息，武术信息传播往往以形象生动、通俗易懂的形式传播，目的是让思想更简练、让生产更简单。

（2）开放共享性

信息是网络社会的核心要素，而信息的重要特点是便于共享。网络社会是一个自由度极高的开放空间，是一个去中心化的场域，武术信息传播高度智能化和网络化，人们在网络社会中可以共享整个网络资源，用户可以根据自身喜好来自由选择，体现出反“集权化”、反“中心化”的价值观念，开放共享性是网络社会的“价值源泉”和“天生基因”，可以说保守封闭的理念与互联网思维格格不入，具有明显的现代科技特征。网络社会的信息传播方式不同于电视、报纸、刊物等传统媒介，新闻媒介作为“把关人”的角色淡化，可以不经过若干环节的编辑处理而直接进行发布和公布，能够第一时间将自己的想法表达出来并传播到世界任何角落。尤其是自媒体的快速发展，促使人人都是信息生产者，人人都可以成为舆论制造者，每个人都是信息传播者和评论者，由此带来个人自主传播的崛起，激发了用户自主生产、主动传播武术移动短视频的动力，生成了人人可以实时共享的、存放于云端的海量武术数据。信息知识的生产、交换、传播、再生产等的过程中，习武者主体高度的参与性使其自身既是信息知识的生产者、传播者，也是信息知识的消费者，在这一看似扁平的网络中，人人似乎都是中心，人人都可平等地发表言论，表现出高度的交互性。微信自媒体传播中的口号是“再小的个体，也有自己的品牌”。互联网思维的开放性不仅仅是描述性的，同时是建构性的。这升级了民众的社会互动模式，由此使原本被动接受的受众变为主动选择的用户，改变了传统的传受关系，保证了网民的言论自由和知情权，实现了“每个个体、时刻互联、各取所需、实时互动”，低成本联通各方成为可能。网络媒介技术将信息传播中原本孤立的众多节点连接成线，在此基础上由线带面，借此形成横纵交错的网络，最终实现多向互联、高效流畅的信息传递活动[①]。网络社会赋予了现

①强月新，陈星. 线性思维、互联网思维与生态思维——新时期我国媒体发展思维的嬗变路径［J］. 新闻大学，2019（2）：1-11，117.

代习武者“发帖”“转发”“点赞”“评价”等线上发声渠道，习武者在网络社会中表达利益、传播思想已成为中国社会的普遍现象。这是网络所带来的个体赋权，使得每一个习武者均成为了一个微小且独立的信息提供商，每个习武者都有了评判武术、抨击武术时弊而成为武术代言人的可能。网络社会在权力主体的变迁过程中，信息权力从边缘走向中心，权利主体从集中走向多元①。普通的习武者也成为武术发展不可或缺的角色。由此一来，武术传播理论与实践的更迭加快，文化的交流互动也更加频繁。由此改变了武术传统舆论生成的权力生态和运行结构。网络社会给那些在工业社会中曾经被忽略的个体，赋予了平等的“参与的权利”和“说话的权利”②。由此倡导开放与融合，信息鸿沟逐渐消失，更能满足现代习武者的知情权和表达权。

（3）用户中心性

用户在网络社会中有着惊人的价值，在网络社会中，用户量直接决定了一个企业的成败，可以说赢得用户也就赢得了市场，用户成为权力竞争的重要主体。早在1973 年，互联网之父罗伯特·梅特卡夫就提出了著名的梅特卡夫定律：网络的价值等于网络节点数的平方，网络的价值与联网的用户数的平方成正比。如时下微信全球用户达12.6亿，基于强大的用户基础，微信在中国成为实至名归的通信霸主。在流量至上的情境下，互联网思维引导人们“以用户为中心”去考虑问题，吸引注意力资源、提升用户体验是制胜的法宝。新浪微博主编张翔曾谈及：“做媒体本质是做注意力经济。”③武术发展更为重视与用户的良性互动，以获得用户的关注为重要指向。由“B2C（Business to Customer，商对客）”到“C2B（Customer to Business，客对商）”的转化。这对武术传播理论与实践的影响更为柔化和隐匿，成为引领武术传播理论与实践发展的重要思维方式。注重采纳和整合观众反馈出的意见，使得用户在

①刘卫东，荣荣. 网络时代的媒介权力结构与社会利益变迁——以当代中国社会意识形态为视角［J］. 新闻与传播研究，2012（2）：20-27.

②侯宪利. “互联网+”对人类生存方式的变革［D］. 哈尔滨：黑龙江大学，2020：69.

③中国经济网. 张翔：做媒体本质是做注意力经济［EB/OL］［2017-08-26］. http://intl.ce.cn/specials/zxxx/201708/26/t20170826_25385094.shtml

武术发展中的地位空前提高。如一些武术赛事节目强调用户本位主义，“知己知彼”与“投其所好”相结合体现出“顾客是上帝”的终端服务理念，对武术赛事网络直播过程进行包装，贴近受众的心理需求，以满足用户多样化和个性化的需求，在提升影响力和竞争力的同时更好地吸引和拓展受众。如网络话语互动往往通过发帖、回帖和评论的方式来实现， 回帖数量的多少可以视为影响范围的标尺。用户中心性突出了武术传播理论与实践中理念与思路的转变。以满足用户的需求为目的，一切从用户出发，注重顾客体验，以期通过流量来创造效益。以理想的方式对武术传播理论与实践进行创新、设计和构筑。

6.2.5 互联网思维在武术传播中的利弊剖析

互联网思维方式是以数字化为中介，通过思维方式的数字化构建、合成实现思维的过程。互联网思维也是一把双刃剑，有着网络赋权与网络控制的双重效果。

其中，互联网思维为武术传播带来的益处主要包括：一方面，有利于构建群众喜闻乐见的武术传播话语体系。同时，使得习武者的意识和行为在空间上得到很大的扩展，跳出了狭隘的民族性、地域性等资源背景的限制，可以从全球化、世界化的维度和更宏大的背景上汲取自我生长、自我发展的养分，至此，立体交互的智能信息赋予习武者更多获知武术信息的权利，减少了“信息不对称”的情况，习武者的思考和表达更加便捷。这有助于网民的个性彰显，交流的形式更为多样、方式更为新颖、内容更为丰富，由此也萌生了武术传播理论与实践的多元创新，使得武术信息更加丰裕，理解武术的新观念和新方法也不断产生。由此，个体的社会交往骤然拓展，武术传播呈现裂变性发展，形成了可以以任意个人为中心节点的传播网络和汇聚民众对武术真实感受的“民间舆论场”，开创了“人人都是传播者”“人人都拥有麦克风”的局面。武术传播理论与实践呈现出的个性化、多样化特点，增强了对信息内容的有效阐释。及时、高效是网络社会中武术信息传播的主要特征，这提升了信息的传播和生产效率，提高了武术信息沟通的实效性，使得现代人得以享受更自由、更高效的网络生活。由此产生了传播主体的多元和网络社会文化的多元化和平等性。这使得互联网更加扁平、内容生产更加多元化，使得武术知识的生产变得异常高效，开放共享性对推进社会民主化进程有着积极意义。

其中，互联网思维为武术传播带来的弊端主要包括：网络具有即时性、应激性的特征，无论是意见领袖还是一般网民，他们往往在看到某个事件的最初时刻，通常不会超过30秒就已经作出判断、表达意见，这样的意见，显然与深思熟虑后的意见不会完全一致①。人们对武术评论也往往在几分钟内就作出评价，不去细究武术的历史和发展，只是解读武术的“冰山一角”，从而满足网民的碎片化阅读需求，阅读习惯也变得更加表层化，从而破坏了武术内容的体系化。议题多变、有料、有趣的话题才能吸引受众，簇拥围观之后往往是一哄而散，呈现为众声喧哗的无序状态。选择碎片化阅读而拒绝深度阅读的习惯，成为人们快速了解信息的最佳方式，这种方式将网民的专注力撕碎，条理性和逻辑性减弱、主体性式微，致使模糊传播逐渐发展壮大，舆情引爆点更加隐形。在“流量经济”的助推下，“为”用户变成“唯”用户，对用户中心的狂热追逐也促使武术传播理论与实践的发展体现出市场性的属性，导致数字资本的蔓延，此时忽视了社会效益，媚俗、低级的信息内容被制造出来，严重降低了大众的审美情趣与艺术素养。如有报道，雷公太极曾不止一次的表示，他被徐狂人10秒钟KO在地的视频，关注量达到了惊人的1.8亿，他与“里合腿大师”田野之间的对阵更是超过了2亿。自己作为2亿流量担当，当然充满自信②。之后太极雷雷以自身的流量资本与《格斗世界》合作，签约“峨眉传奇”，开始了“以丑为美”的商业炒作。这导致人文主义价值追求与技术理性相悖。网络审核不力使得核实新闻真实性成为障碍，存在传播谣言、把关人缺失等问题，在信息社会中，网络的媒介属性被强化，网络舆论事件不确定性涌现，带来难以鉴别和无法选择的困惑，使网络个体应接不暇，疲于应对，难以辨别孰是孰非。资本制约机制的乏力导致网络社会中庞杂的武术信息鱼龙混杂、真真

①超然.网络民意的虚与实［J］.民主与法制，2011（23）：30-31.

②雷公太极自信心爆棚：我的流量两亿，药水哥VS一龙有1/10就算成功［EB/OL］. https：//www.163.com/dy/article/F22VTDAU05498F9O.html.

假假、质量参差不齐，出现了信息失真的现象，影响了武术发展的口碑，侵蚀了武术的社会认同，妨碍了武术的健康发展，导致了武术信息传播出现泛娱乐化趋势。正如丹·席勒所言，“互联网的发展完全是由强大的经济力量驱动，而不是人类新建的一个更美化、更自由的另类天地[①]。”

6.2.6 生态思维：未来武术传播实践中思维方式的应然构建

传统的思维方式也可能成为一种束缚，在新旧交替的过程中存在一系列的矛盾。为防止武术传播理论与实践被时代抛弃，变革思维方式应首当其冲，从而打破传统的思维范式，冲破传统思维偏见的束缚，在这个过程中，生态思维给予了众多借鉴和启示。所谓生态思维即生态学的思维，笼统地说，是指运用生态学的知识、观点和方法去认识与解决所要面对的各种现象[②]。生态思维是建立在生态哲学理论基础上的思维方式，起源于人与自然关系的思考。生态思维的提出与生态危机的加剧密切相关，最初目标是应对人与自然之间复杂、不稳定的关系，解决人类社会的生态危机，以“生态美”为目标。随着生态学的社会化过程不断深入，生态思维的应用范围已经超越了生态学的专有领域，并因此具有了普适性的方法论意义和价值，学界掀起一波“生态热”。生态思维是一种综合多门学科交叉形成的，以研究自然、社会和人的关系为核心的思维范式[③]。生态思维是一种“高维思维”，在武术传播理论与实践中仍处于萌芽状态，对其缺乏科学系统的立体思考。生态思维倡导一种全方位的生态关怀，是反映时代要求的新型思维方式，有更大的施展拳脚的空间。将武术传播理论与实践思维方式的嬗变视作社会生态系统，是促进武术传播理论与实践健康发展的新视野，是对传统思维方式的新超越，有利于构建武术的生态文明，促使武术实现生态化生存，进而从根本上化解一系列问题。

①丹·席勒. 数字资本主义［M］. 杨立平，译. 南昌：江西人民出版社，2001：289.

②黄爱宝. 生态思维与伦理思维的契合方式［J］. 南京社会科学，2003，（4）.

③王皎. 新时代中国特色社会主义生态思维研究［D］. 西安：西北大学，2020：13.

6.2.6.1 生态思维倡导的协同共生可以促进武术传播理论与实践获取最优发展态势

人类只有同生物圈的其他物种相互依存，建立共生体系才能维持长久的生存。生态学强调人与自然界在生存本性上的一体性，和谐共生是生态文化的重要文化理念。在生态思维的指引下，思维方式不存在孰优孰劣，我们不能死板地认为某种思维方式完全正确、完美无瑕，而借此排斥另一种思维方式。思维方式之间不能够树立二元对立的替代关系，不再是你输我赢的零和博弈，而是互利共赢。在武术传播理论与实践中，应反对思维方式上的独霸，思维方式之间不能厚此薄彼，更不能非此即彼①。没有哪一种思维方式蕴含全部真理，没有哪一种思维方式是包治百病的神丹妙药，单纯使用某种单一的思维方式会对网络社会中武术信息传播的逼真性产生消极影响。为此，对待思维方式应采取思维综合原则和批判继承原则，提升思维方式的多维性，确保在解决问题时有多个切入点，不同切入点可以释放各自优势，实现相互补充、相得益彰，呈现出多元化和对立统一的态势，由此也表现出了对复合性思维方式的渴求，实现"抱团取暖"，从而形成和谐共生的生态圈。这恰恰迎和了1990年费孝通先生提出的"各美其美，美人之美，美美与共，天下大同""十六字"箴言。在思维方式上具有共同体意蕴。既注重综合又注重分析，更好地呈现出多姿多态，更好地发挥建设性作用，提升武术的治理效能。

爱因斯坦指出，"逻辑是证明的工具，直觉是发现的工具"②。分析性思维着力于揭示，而相似性思维则致力于建构，互联网思维致力于传播。相似性思维则是在创造中生产武术知识，分析性思维是在发现中生产武术知识的，而互联网思维是在实践中传播武术知识。相似性思维是传统武术的基因密码，可以有效保留传统武术固有之形态与价值追求。分析性思维具有便捷性的作用，借助一定的逻辑思维，分析性思维更有利于武术知识的体系化。而互联网思维可以更好地在武术传播中检验武

①吴鲁梁. 复杂性范式视野下武术理论与实践中思维方式的反思［J］. 北京体育大学学报，2019，42（6）：148-156.

②爱因斯坦文集：第1卷［M］. 北京：商务印书馆，1983：284.

术知识。上述思维方式有着重要的互补作用，思维方式共生的文化局面可以达到相得益彰的效用，丰富了社会科学思维的可能性和研究的综合性角度。思维方式的复合是顺理成章，从而体现出综合性、多向性的特点，从而跳出思维局限性。在生态思维的指引下，不能促使思维方式之间排斥，而是接受思维方式的混杂，使不同思维方式之间保持适当的张力，从而实现武术发展的新文明模式。

6.2.6.2 生态思维倡导的整体关怀可以使得武术传播实践发展更为稳定

生态学认为自然界是有机联系的整体，人、自然、社会三者不可分割、组成了统一的生态系统。在生态思维的指引下，认知方法论主张从整体性上把握人与社会、人与自然的关系问题。人与自然应和谐共处，而不是剑拔弩张、相互排斥，不能以牺牲自然环境为代价带来短暂的经济增长。为此，不能孤立地看待人类的自身发展，要把自然与人类看作一个整体系统，树立全局视野，强调生态整体主义这一价值支撑，强调生态系统的整体性，注重系统内部各个要素的协调配合，反对主客二分的思维方式。任何事物都是整体和部分的有机统一，部分要素一旦从整体中隔离出来，就会失去其在有机整体中固有属性。

生物圈中物的存在依赖于他物的存在，各构件之间存在着密不可分的联系，一个要素的变化会直接影响另一个要素的发展变化。人类只有遏制对自然世界的无限度开发，才能维持其长久的生存。生态学强调人与自然的双向发展，从而实现诗意的栖居。这旨在阐释世界是有机体相互关联而组成的生态系统。生态思维强调系统元素之间关系多元性和价值联系多样性①。武术传播理论与实践的组成元素之间必然存在复杂而广泛的联系，可谓是“牵一发而动全身”，复杂多变的系统并没有理论上的那么简单，武术传播理论与实践的发展环境是变幻莫测的。面对武术发展的高度复杂性和不确定性，强调用系统整体的眼光看待问题。基于特殊的历史需要，武术历史发展中技击性备受重视。而时下，基于武

①强月新，吕铠. 生态思维视野下全媒体传播体系建设及其关键策略［J］. 当代传播，2021（5）：15-19.

术的技击性危机，特别是在互联网思维的引导下武术知识出现碎片化状态，要防止出现急功近利的状况，防止武术在整体性方面出现异化，防止出现武术技术与武术的文化内涵“两张皮”现象。

头痛医头，脚痛医脚的模块式分割方式已经不再适合当今社会的发展。注重整合武术发展的多种要素，反对以追求经济高速增长为目的的思维模式，体现出武术发展稳中求进的基调。比如传统武术技击性危机事件中，如果一味以增强传统武术技击性为主旨，特别是希冀传统武术在现代擂台上得以施展，势必会影响到传统武术的技术整体性，使得传统武术与现代擂台的格斗术技术体系趋同。现实生活中，武术体育化道路步履维艰，难以体现自身特色，而民间武术的传承发展又面临困境。只有把相关问题整合起来进行解决，获得系统整体的综合性认识，才能有效克服武术异化的问题，最终形成一个和谐共生的武术生态圈，不是“只见树木，不见森林”，而是“又看森林，又看树木”。

6.2.6.3 生态思维倡导的前瞻意识可以提升武术传播实践发展的预见性

生态文明要求发展是可持续的，更为注重前瞻性引导。正因为20世纪50年代中后期扣错了武术发展的“第一粒扣子”，20世纪80年代试图“重扣扣子”的努力半途而废，才导致武术发展存在的问题越积越深①。实施有预见性的战略措施，是对工具理性膨胀的批判，不给不良内容呈现、舆论操纵留下可乘之机。扣好中华武术发展的这粒扣子的关键在于及时纠正半个多世纪以来“重表演，轻实战”的本末倒置状况，从而将发展重点由表现型的旁支回归对抗型的主体①。武术在近代发展过程中，因缺失前瞻意识而将发展重心放在了竞技体育领域，在武术入奥失败之后，一方面竞技武术发展遇见了瓶颈，另一方面，武术自身的文化特色也大量流失，由此带来了两难境地。基于武术在现时代的功能和价值，从长远利益出发，坚持未来优先原则，追求可持续发展，进行前瞻性判断，实施有预见性的战略措施，有助于形成良性循环。

---

①杨建营. 以“扣子论”为切入点的新时代中华武术发展改革定位［J］. 北京体育大学学报，2021，44（1）：145-156.

列宁曾经说过，对于思维方式来说，重复地进行实践能够发挥重要作用。当人通过不断实践之后，才能对某些事物产生固性思维，从而最终形成人的思维模式。思维方式变革这一机制性问题较为抽象。透过行为模式分析思维方式，参透其中的玄机、奥妙，探寻更为科学的发展路径。思维方式变革不是瞬间发生的，都要经历旧方式的震荡和危机，新方式的解构和重构，新旧思维的共存、博弈和重叠等阶段。思维方式的变革不是一蹴而就的，而是永无止境的，提供了一个崭新的观察认识武术传播理论与实践的维度。

6.3 网络社会中武术移动短视频传播伦理问题协同治理的实践策略

时下，武术传播格局与舆论生态的嬗变在加快，武术移动短视频在传播过程中暴露出诚信缺失、公德失范等伦理问题。这不断引发伦理阵痛，并为武术发展带来了一系列的社会问题。然而，综观前期相关研究，尚未探索出一套相对成熟的治理手段。在这种背景下，探究武术移动短视频传播的伦理校准路径就显得尤为紧迫和重要。

基于网络社会中武术移动短视频伦理问题的复杂性，相关问题的解决也需要多方面发力，在实行多元化治理的基础上形成协同管理机制，这有利于建立起健康发展的长效机制，从而有效纾解困境。传播伦理学就是采用伦理学、传播学的理论和方法来研究传播行为、传播过程中的道德现象及其规律的一门新兴交叉学科。基于此，本部分在借鉴传播伦理学学科知识的基础上从双重角度出发，实现技术与内容的深度融合，矫正武术移动短视频传播伦理偏差，减少移动短视频中非理性、非逻辑的因素，更好地激发技术活力和红利，从而对整治武术移动短视频的传播风气和推动社会进步起到积极的意义。

6.3.1 强化网络意见领袖的责任担当与提升网民的媒介素养相结合

6.3.1.1 强化网络意见领袖的责任担当

网络社会中，虽然现有武术移动短视频传播主体较为丰富多元，但是由于缺乏统筹规划，由此打造的碎片化信息不能较好地展示武术立体、生动的形象。武术抖音短视频的传播结构存在“草根”过多，缺乏专业创作者的问题[①]。任何事物的发展都需要领军人物的带领，武术移动短视频的传播亦如此。美国社会学家拉扎斯菲尔德（Paul Lazarsfeld）认为，意见领袖是指“在人际传播网络中经常为他人提供信息，同时对他人施加影响的‘活跃分子’”。同样发布帖子，有的回应者寥寥，有的却跟帖者云集，由此可见，网络社会中形成舆论领袖与普通网民的等级划分。普通网民的影响力相对较小，所以在网络社会中武术移动短视频传播过程中的影响力弱于意见领袖。网络意见领袖充当着“舆情调节阀”角色，基于个人魅力，他们往往有相对固定的拥护者和追随者，具备“一呼百应”的舆论威力，更容易获得网民的自觉认同，可以起到重要的组织、引导作用。意见领袖通常包括具有庞大粉丝规模的个人网民用户，其观点会直接影响大众舆论的走向，特别是议题的讨论达到白热化程度、意见纷繁复杂之时，在意见领袖的引导下，人们通常附和意见领袖的意见主张，往往会迅速在网络上形成一种强势观点，借此给后续讨论定下基调。与此同时，网络意见领袖具有较高的网络连通性，他们粉丝量多、传播力度广，往往具有较高的社会地位或被认同感，有着较强的话语影响力。网络意见领袖是网络社会中武术关键信息的传播节点，是武术信息传播过程能够左右武术舆论走向的轴心人物。正因为意见领袖具有影响力大、传播范围广的特点，所以武术行业短视频意见领袖的视频内容尤为重要[②]。由此可见，网络社会中武术移动短视频传播过程中网络意见领袖扮演了重要角色，享有较强号召力和权威性，网络意见领袖可以成为武术信息健康传播的“维护者”，也有可能成为错误观点的“扩音器”。网络社会中，网络意见领袖可以营造积极向上的武术发展环境，在武术移动短视频发展道路上进行正确的方向引导，得到大

①阴文彦，阴文慧，李龙飞. 武术短视频化传播策略研究——以抖音短视频为例［J］. 当代体育科技，2022，12（27）：130–136.

②毛龙. 数字化媒体时代传统武术在新媒体平台传播的困境与对策研究［J］. 辽宁体育科技，2023，45（1）：71–74.

众的高度认可，从而有效规避网络群体极化现象的负面效应，避免选择性沉默，降低“杂音”的音量。也正是因此，网络意见领袖理应为武术移动短视频传播贡献主体性的力量，从而更好地做好顶层设计，增强移动短视频用户的黏性，为构建合理的武术信息格局铺建进阶。

①通过网络意见领袖，加强武术移动短视频系统性阐释武术的能力。网络社会中武术移动短视频的碎片化传播破坏了武术博大精深的内容体系，这对武术的损伤是尤为严重的。在这种背景下，通过网络意见领袖，系统性开展武术文化资源，建立起全面、系统的武术知识文化图谱就显得尤为重要。为此应从以下几点重点发力，首先，网络意见领袖在传播武术移动短视频之时应具备前瞻性的视野，做好顶层设计，制定长期的、科学的、全面的传播规划，对武术形象进行统筹规划，更好地契合武术的发展定位。其次，内容生产是武术移动短视频的核心竞争力，不能依靠以猎奇博得关注，更不能仅仅追求片刻的热闹，而应在内容上精耕细作，更好地传播武术。为此，应坚持“内容为王”的黄金法则，加强对武术人文价值和历史底蕴的挖掘、提炼和创新，充分挖掘武术文化的内涵。平衡好武术技术展示和武术精神文化内涵阐释二者之间的逻辑关系，以此来传达武术技术表层下的审美品味，潜移默化地向受众传递武术所承载的文化底蕴和人文价值。从文化三层次（器物层面、制度层面、精神层面）对武术进行系统展示，努力做到“深耕精种”，更好地创造优质的武术文化内容视频，进而充分彰显武术的防卫功能、健身功能、教育功能、娱乐功能，有效提高对武术的系统性阐释能力。为此，可以由政府牵头，成立武术形象的移动短视频传播组织，促进不同传播主体分工明确、协调有序，从而起到较好的示范性作用。例如，央视网、《人民日报》等主流媒体借助抖音等平台巧用移动短视频“暴风式吸粉”的特点，推动移动短视频内容与社会主流价值观念的发展与融合。再者，武术移动短视频的传播不能再局限于武术表演性质上，而应全面、深刻地了解武术技击的核心内容和文化蕴涵，在禁止与倡导传播哪些内容上形成基本共识。知名武术家、正宗传统武术传承人往往掌握着大量武术领域的专业知识和大量实用性的信息，应强化主流价值观的引领作用，积极鼓励他们创建移动短视频平台账号，提高武术移动短视频制作的专业性，为用户提供更有深度、丰富的优质的移动短视频内

容，借此打造明星效应，赢得最大化流量。也可以同地方武术协会、高校合作从而整合一些优质资源，在此基础上保证内容的持续更新，进行体系化生产，从而构建优质的内容生态圈，不断加强自身公信力建设。最后，网络意见领袖在利用武术移动短视频传播武术之时应深谙公众心理特征，在此基础上选择最佳的意见表达方案，防止武术真相被众声喧哗的网络舆论遮蔽。为此，应通过鼓励生产原创内容来提高作品质量，增强文化认知的属性，从而更好地发挥武术主流意识形态的批判力、解释力和引领力，促进武术在网络社会中的传播得到实质性推进，全面地展示武术的社会形象。

②通过网络意见领袖，加强武术移动短视频“讲好武术故事”的能力。武术伴随着中国历史一路走来，具有强烈的故事化阐释的潜力。武术移动短视频需要从微观出发阐释武术，充分讲好武术故事，从而更好地展现武术的图景，更深层次唤醒国人对于武术的认同感。为此，应以清晰的故事主线展现崇高的武术精神，讲好“以武载道”的故事，将武术所承载的文化内涵直接传达给受众，塑造具有信任价值的形象，防止重大武术舆情事件产生，强化受众的理性价值观、塑造受众正向化的审美观念。其次，要保证武术移动短视频传播内容的正确性，增强武术的真实感，防止遏制以讹传讹的情况，从而更好地传播正能量。保证武术移动短视频内容的品质，有利于“讲好武术故事”，从而以立体、生动的武术形象实现武术形象修复和信任重建，以经典优质的内容助推武术移动短视频领域向前发展，并借此成为网络舆论的引领者，防止群体极化现象的产生。再者，应结合受众的兴趣焦点，加强正面的引导，要求内容创作者拥有工匠精神，进行系列性的专题呈现，适应广大受众者的需要进行转型。借此也可以拯救传统武术濒临失传的尴尬境地，这也是武术创新性发展的重要途径，为网民接触传统武术提供了良好的平台，拉近武术文化与受众之间的距离，让更多的人愿意了解武术故事，提升现代人了解武术的耐心，从而促使武术移动短视频更好地“飞入寻常百姓家”，加深人们对传统武术文化的感知。

③网络意见领袖借助移动短视频传播武术之时应避免武术刻板印象的生成。武术移动短视频在创作过程中，艺术创作的个性不能丢，由此可以避免内容同质化的现象发生，满足用户愉悦身心的需求，激起网

民的审美共鸣，从而打破当下传统武术落后、守旧、枯燥的刻板印象，激发全民参与武术运动的积极性。为此，应鼓励网络意见领袖生产出更多的优质原创内容，通过提升用户使用体验来吸引更多的受众，以提高其内容深度与营销广度，防止出现技术层面的丰富与精神领域的空虚不对称的现象。在具体传播过程中，以武术核心价值观念为基准结合流行元素的创新作品，推动武术移动短视频内容的与时俱进性，生产出更多具有丰富中华传统武术文化内涵的大众喜闻乐见的作品。这种新颖的传播内容可以促使受众眼前一亮，更容易对博大精深的武术产生兴趣。如著名网红郭大侠出身于武术世家，以武会友，以酒论道，其作品可谓是思想精深、制作精良，形成了追求高尚典雅、和谐美好的良好氛围。通过观看网红郭大侠的武术移动短视频，其拍摄的内容就是古拳法"昂拳"，还有讲饭桌上的各种规矩，再配上古风的歌曲，简直可以说是身临其境，从2018年拍摄视频至今，郭大侠已经在短视频平台吸引了1000多万粉丝，靠着他的一身真功夫，获得了不少网友的喜欢，收获了粉丝千万。郭大侠的视频在外网上受到了粉丝们的争相模仿，继李子柒之后，他也再次走出国门，而郭大侠也用自己的拳法证明了中国的功夫不是花拳绣腿，也完全可以拿来实战。另外，网络意见领袖需要在解读视角、表达风格、切入点等方面独树一帜，涉及武术文化价值的核心内容，小中见大地展现武术海量丰富内容，为网民传授科学的武术理论与知识，促使武术移动短视频在宣传武术技术的同时承载更多的文化内涵，从而为武术的传承与发展注入新鲜活力，增强网民理性判断能力，从而自觉抵制网上的谣言。

6.3.1.2 提升网民的媒介素养

网络技术是中立的，人在利用网络技术赋能的过程中可能会产生积极的社会影响，同时也可能产生消极影响。网络媒介素养是文化素养的重要组成部分，网络社会中用户拥有"传""受"双重身份，这旨在说明用户不再是单方面的接受信息。在现行复杂的环境下，有必要提升用户的媒介素养以克服武术移动短视频传播的伦理问题。1992年美国媒介素养研究认为：媒介素养是指人们面对媒介各种信息时的选择能力、理解能力、质疑能力、评估能力、创造和生产能力以及思辨的反应能力。

伴随着网络社会的兴起，网络媒介素养越来越受到重视。然而，当下网络社会中武术移动短视频传播过程中公众媒介素养参差不齐，媒介素养多数处于自发状态，更多地凭借自身的直觉和感悟。网络媒介素养是促进武术在网络化社会中健康发展的必备素养。通过提升网民的网络媒介素养，可以强化网民的理性判断的能力，提升网民的社会责任意识，从而自觉抵制武术移动短视频恶俗内容的传播。

（1）筑牢“无害”这一底线伦理

底线伦理是社会主义市场经济条件下，中国社会伦理道德建设必须且亟须建构的伦理秩序之基础性工作，也是审视和研究新的社会生活条件下道德伦理问题的新视角和新路径①。理论工作者撇开最基本、最起码的底线伦理，高谈构筑21世纪的文化理想是极其不现实的②，底线伦理是崇高人生理想的基础道德③。经历了传统社会注重等级到现代社会注重平等的历史变迁，在伦理精神现代性转型的过程，底线伦理有着价值优先性和不可让渡性。恪守底线伦理是克服武术移动短视频伦理问题的出发点，具有逻辑优先性，就如同盖造一座房子必须从基础做起一样。底线伦理是个人崇高人生理想的基础道德，也就是说，习武者只有遵循底线伦理，延伸出广泛制约性，才能进一步提升道德理想。在武术移动短视频传播出现伦理问题之时，一味地高谈、提倡高尚的伦理准则和伦理理想无异于隔靴挠痒，并不能实质性地解决问题。

在这种背景下，武术移动短视频应筑牢“无害”这一底线伦理，防止在“审丑”的路上越走越远。为此，武术移动短视频可以娱乐，但不能道德无忌、娱乐无度，不能违背社会公序良俗、逾越挑战人类道德伦理底线，网民也不能以宽容的心态来面对这些恶作剧，不能以“凑热闹”的心态去看待，导致伪大师沦为武术的笑柄。这种审丑文化颠覆了

①郭良婧. 论底线伦理的“后退”与信念伦理的“缺乏”［J］. 伦理学研究，2017（6）：27-30.

②陈新汉，冯溪屏. 现代化与价值冲突［M］. 上海：上海人民出版社，2003：225.

③陈泽环. 底线伦理・共同信念・终极关怀——论当代社会的道德结构［J］. 学术月刊，2005（3）：59-65.

人们对武术的认知，导致网络社会中各种芜杂的武术信息丛生。而作为移动短视频的评论者，应努力做一个有责任、有底线的网民，明晰自己要为自己在网络社会的行为负责，保证评论内容的无害性，理性地宣泄自己的情绪，思索自己言论对于武术可能造成的伤害，而不是将网络社会作为情绪发泄的场所。网络社会中武术移动短视频传播过程中通过底线阻击以弥补武术网络伦理规范的缺失，有利于武术形象的打造，在推动网络文明进步的同时促使网络社会成为继承和弘扬武德的助推器。

（2）在武术移动短视频传播过程中，加强受众的武术信息识别能力

面对网络社会中真伪难辨的繁杂武术信息，网民需要具备一定辨别网络信息真与假的能力，从而提高社会大众谣言甄别能力，并尽快占领舆论高地。特别是在武术移动短视频二次传播的过程中，更需要主动提升受众的分析和判断能力，对网络社会中武术移动短视频的传播内容进行正确的判断，主动做到“不造谣、不传谣”，避免一些滥竽充数的“武术大师”混入公众视野。这旨在说明作为一个理性的用户，在熟练掌握和运用网媒技术的同时，要不断强化自我抉择的能力，提升明辨是非的能力，大力传播符合社会主义核心价值观的武术文化，遏制外来思潮对武术文化的腐蚀，避免武术移动短视频发展的过度娱乐化倾向。这要求受众勇于在网络社会中武术舆论问题上发声，克服从众心理，更好地发挥自身的主观能动性，从而尽可能地防止认知偏差，遏制不良武术信息的传播，抑制网络社会中武术移动短视频对武术发展的危害。如针对武术技击性弱化这一现象，受众一方面要看到技击性对于武术发展的重要意义，为此要防止武术发展过程中偏离技击性这一本质特征；同时也应该看到，技击性的弱化促使武术的多种功能价值得以体现，促使武术摆脱了简单的肢体运动。这旨在说明，在网络社会中武术移动短视频的发展过程中，要充分彰显武术技术背后博大精深的文化内涵，通过其文化符号特征促进中国传统文化的弘扬。

（3）提升网民对武术言论自由的正确认知

网络社会的崛起，在客观层面为人搭建了自由便捷的交往平台，但这并不意味着网民在网络社会拥有绝对意义的自由。因为过度追求自身的自由，必然带来多数人的“不自由”。自由权并不等同于言无底线，自由绝对不是绝对的自由，网民应克服“极端的观点”，切不可滥用言论自由，防止群体性的网络暴力事件发生，否则将会导致武术传播陷入混乱之中，并进一步导致武术移动短视频生产和传播的异化。这要求网民在传播武术移动短视频之时，应该“三思而后言”，自觉树立“慎独”意识，不能捏造武术的事实对武术进行妄加评论，更不能出于情绪宣泄的原因对他人开展人身攻击。同时，网民应增强辩证思维和逻辑思维能力，传达正确的媒介理念，提升伦理和法律意识，清醒意识到商业资本对武术移动短视频的隐蔽性利用，防止被别有用心之人怂恿，导致破坏网络社会的和谐。此外，网民应时刻谨记自己的意志应当与普遍的法则相符，树立正确的传播价值观，明晰自身的社会责任，以诚挚的社会责任意识约束自己，从而更好地规范网络行为，防止无底线、无原则的娱乐诱发审美、价值等方面的危机。

（4）提升网民对武术情绪宣泄的正确认知

网络社会给网民带来了极广的自由空间，部分网民觉得能够在网络社会中肆无忌惮地实施行为，在这种背景下，网络社会就成为了他们发泄武术不良情绪的主要场所。这样看来，网络社会的自由性是一把双刃剑。竖屏时代的来临，形成较强劲的网络微舆论，将自己的情感通过评论区得以宣泄，使传播受众缺乏理性。对他人以恶语相向，在评论区互相谩骂，应在法定的范围内理性参与平台评论。树立正确的媒介观，结合服务武术发展的理念这一价值标准，明晰什么内容应该传播，什么内容不应该传播，分得清善与恶、对与错，防止出现盲目的跟风和效仿，传播符合伦理价值取向的优质内容，防止传播者社会责任意识的缺失。另外，可参照此前移动短视频平台“哔哩哔哩”的做法，用户若要充分使用平台提供的弹幕功能，需要在网站上学习相关的发布规范和弹幕知识，在此基础上完成相关的弹幕礼仪考试，考试分数达到80分以上才有资格发布弹幕，等级越高相关权限越大①。

①万玥. 移动短视频应用中的信息伦理问题研究［D］. 南京：南京大学，2018：54.

（5）网民应借助武术移动短视频积极宣传武术发展的正能量

一定程度上来说，网络社会中武术移动短视频是武术发展和传播的提速器，可以为武术发展带来积极向上的影响。为此，政府应了解网络媒介的传播规律，应弘扬主旋律、激发正能量，培养出更多高媒介素养的人，促进用户主体责任的归位和主体意识的觉醒，并勇于担当武术发展的社会责任，形成良性的内容生态系统。这要求网民自觉树立“武术发展至上”的传播理念，以负责任的方式对武术移动短视频进行评论，不随波逐流，而是针对武术的发展优势形成自身的独特见解，并在正义精神的指引下进行合理的评价，敢于对错误言论进行驳斥，勇于抨击不良的武术移动短视频。由此促使人们对武术这一国粹产生自觉的文化认同，营造积极向上的武术舆论环境，有效地抵御西方国家的不良意识形态对武术文化的过度渗透。平台应对符合网络社会中武术传播规律的移动短视频内容进行重点扶持，确保内容环境的健康绿色，为武术发展提供风清气正的网络空间，从而促使武术在新时代更好地体现出应有的价值，促使武术移动短视频成为传播和践行武术正能量的新阵地。

6.3.2 强化传播主体的伦理自律与伦理他律相结合

互联网技术带来的“信息革命不只是‘技术性’的，它实质上是社会性的和伦理性的”①。网络空间的匿名性为言论侵权行为提供了潜在的庇护，这种隐秘而匿名的特点促使当事人无法得知发表人的身份，没达到一定的程度公安机关又不会立案调查，只有这种敌对性的观点已经上升为“煽动违法行为的言论”时政府才能对其进行屏蔽。这旨在说明网络社会中武术移动短视频传播伦理问题的克服在程度上具有非强制性的特点，缺乏自觉性的精神弘扬是虚假的。美国社会学家英格尔斯（Alex Inkeles）认为，如果人民缺乏能赋予制度以真实生命的心理基础，那些

①特雷尔·拜纳姆，西蒙·罗杰森. 计算机伦理与专业责任［M］. 李伦，金红，曾建平，等，译. 北京：北京大学出版社，2010：1.

现代制度以及伴随而来的指导大纲将成为空的躯壳①。

法国社会学家涂尔干（Durkheim）特别强调人的“有限性”，并认为“制度是非常有用的，对个人来说制度确实是非常必要的，制度是人性本身所需要的”。②制度具有指向性、目的性，它既是一种资源也是一种手段，制度的建立和完善可以有效防止各种社会问题的集中爆发，对现代社会的健康发展起到保障作用。有学者认为，制度在物质与精神之间起着中介作用，“物质文明进步而精神文明衰落”这一现象的主要原因是制度文明的缺失③。脱离制度而一味追求“人性善”是不现实的。这在说明制度是确保网络社会中武术移动短视频正常运转的必备条件，有利于规范现代网民的行为，可以有效防止个人意志的随意性，防止武术传播陷入混乱无序的状态。

网络社会中武术伦理问题的克服包括强制性手段和非强制性手段。其中，他律往往是重要的强制性手段，自律往往是重要的非强制性手段。制度是一种刚性规定，尤其注重行为和后果，较难深入人心，单纯依靠制度无法真正解决精神上的问题，可能导致人们只是表明遵从，没有自律、只靠他律，就容易出现“魔高一尺，道高一丈”的博弈，甚至出现“法不责众”的窘境。另外，克服网络社会中武术伦理问题之时单纯依靠制度约束的话，一旦制度这一外力消失或者减弱，相关伦理问题可能再次发生。另外，外界约束往往对“伪君子”无能为力，完全依靠外界力量可能会适得其反，出现吉诺维斯综合征（一种过度依赖法律导致道德和公序良俗失灵的社会现象），导致现代社会出现大量名实不符、二元分裂的现象。

自律与他律二者有着不同的内在机理，且在实施之时互不冲突，可谓是相生相补、殊途同归。基于此，克服网络社会中武术伦理问题之时需要“内外兼修”“软硬措施”，树立“制度保底，文化扎根”的指导思想，通过二者的并行形成合力，达到“个体之觉醒，制度之发达”。

---

①英格尔斯. 人的现代化［M］. 殷陆君，编译. 成都：四川人民出版社，1985：4.

②涂尔干. 道德教育［M］. 陈光金，沈杰，译. 上海：上海人民出版杜，2006：40.

③徐静，钱斌. 中介——保障：制度文明与精神文明关系的理论表述［J］. 安庆师范学院学报：社会科学版，2000（3）：49-51.

一方面，强化习武者的伦理自律，实现传播伦理规范的内化，因此有必要以加强传播主体的自我约束为基础进行武术移动短视频传播伦理体系的建设；另一方面，需要从制度法规着手来进行规制，发挥网络规章制度的“刚性惩戒”作用，这是网络社会中武术移动短视频平稳推进的有力保障。更好地平衡人文性和技术性，抑制有害信息的滋生和泛滥。在提升主体自觉、完善外在规范的基础上实现武术移动短视频伦理问题治理的协同化。

6.3.2.1 强化传播主体的伦理自律

技术的加持为武术移动短视频的分发方提供了得天独厚的条件，网络社会为受众提供了自由言说的平台，很大程度上解除了人与人交流过程中的约束。另一方面，网络技术本身却难以克服其自身所带来的伦理问题，如果一味采用过滤、删帖、禁言和封锁消息等消极处理方式和强制性措施，不利于事件的有效管理，长此已久反而会引发民众的逆反心理。网络社会中，移动短视频的监管难度较大，简单的法律和制度手段已经无法彻底地控制风险。为此，必须超越技术层面，在伦理层面上考察和研究网络现象、网络行为，以避免和制约网络技术被盗用和加入恶意。网络行为的缺场性、无边界性以及匿名或半匿名性，都使传统的管控措施显得力不从心①。在人类社会传播秩序中，技术和法律虽然能保证绝大多数社会传播行为的正常实施，但却难以保证每一种传播行为都具有较高的道德价值②。

网络空间的终极管理者是道德价值而不是工程师的代码。③自律是克服网络社会中武术移动短视频伦理问题最强大最根本的内在力量。通过道德的内化变得更加自律，以至于在没有外在约束的情况下，依旧保持清醒的自我约束，坚守符合社会规范的道德信念，从而真正意义上解决相关问题。“立德”为我国古代“三不朽”之首。《左传》载：“太上有立德，其次有立功，其次有立言，虽久不废，此之谓不朽。”“德

①刘少杰. 网络交往的时空转变与风险应对［J］. 社会科学战线，2022（4）：227-233.

②陈汝东. 传播伦理学［M］. 北京：北京大学出版社，2006：23.

③龚群. 现代伦理学［M］. 北京：中国人民大学出版社，2010：179.

之不修，行之不远”。中共十八大明确将“立德树人”列为教育根本任务。2019年9月，第26次中韩伦理学国际学术大会在韩国举行，本次学术研讨的主题为“网络时代的伦理与道德教育”。伦理约束本质上是一种自律行为，是依靠人们心中的信念准则对自私本性和利己行为加以约束，这要求网民和平台强调社会责任，建立起平台、武术移动短视频传播者以及武术移动短视频用户共同参与的伦理自律机制，从而更好地实现良性互动。

（1）网民在武术移动短视频传播过程中应主动加强自律意识

马克思对人的自然属性、社会属性和思维属性的阐释。马克思的人性观包括三个层次的内容：第一个方面人是从自然界进化而来的，人是自然界的产物，人具有自然属性。所以，人摆脱不了原始的“兽性”，这一点驱使着人类对能够满足自身基本生存及延续需求的孜孜追求，所以对衣、食、住、行、性的追求是人类最原始的、最自然的追求。第二个方面则是人具有社会属性。马克思说：“人的本质并不是单个人所固有的抽象物，在其现实性上，它是一切社会关系的总和。”只有进入社会，人的安全需要、尊重需要、交往需要才能够得到满足和尊重，离开了社会的孤立的、单个的人往往是无法生存的。马克思人性论的第三个方面是人具有思维属性。人具有有意识的活动能力，这是人和动物的重要区别。人的思维属性决定了人不会仅仅满足于最基本的物质需要用于维系生存，还需要有精神需求，通过追求真、善、美来实现人的自由，从而脱离自然界对人的控制。虚拟生存中的现实主体在现实社会中完成了基本的物质需求，现实主体进入网络社会完成了网络主体的变身后，更多的是体现了社会属性和思维属性。为了更好地提升网民在传播武术移动短视频之时的自律意识，应深挖传统武德思想精髓，主动提升自身的伦理修养，促使用户意识的自发觉醒，最终外化为良好的媒介行为。2017 年 6 月施行的《中华人民共和国网络安全法》强调：“国家倡导诚实守法、健康文明的网络行为。”尽可能地发挥道德自律机制，促使网民在传播武术移动短视频之时不能放弃本有的道德责任，主动提升慎独意识。从而保持一种客观和理智，此时个体真正实现了对伦理规范“内化于心”，产生武术健康发展的主人翁意识，保持审慎接纳的姿态，网民在网络社会就能够展现“外化于行”的行动自觉，将传递信息、表达议题、沟通思想和抒发情感等方面自觉遵守伦理规范，相关伦理问题的解决才变得更加容易。从而为武术移动短视频营造一个良好的网络舆论环境，建立起基本的武术发展是非观念。

（2）平台在面对武术移动短视频传播之时应主动加强自律意识

在本次马保国“走红”的过程中，背后有不少网络平台和媒体机构的身影。有的密集发布相关恶搞视频，有的主动邀请马保国入驻并大加推广，而对马保国的轮番专访、直播更是一日胜似一日。在其看来，马保国就是热点，蹭一把流量，抓一把眼球，机不可失时不再来，此时不抓更待何时？这种铺天盖地的传播，让本属民间层面的自发娱乐变成了公共空间的恶俗炒作，让本来一个人心自有定论的网络人物变成了“人气明星”，让本来不值一驳的个人言行变成了似乎可以效仿的走红捷径，这就超出了寻常的网络传播，需要纠正。网络平台和媒体机构有着广泛影响力，是社会舆论和民意变化的风向标，具备正确三观、守住价值观的底线是起码要求。为克服网络社会中武术移动短视频的伦理问题，移动短视频平台也应加强自律意识，不能专注于获利，而需要对武术移动短视频进行严格把关，和生产者携手构筑良性的武术移动短视频内容生态系统。当前国内传媒领域的政策法规尚不完善，行业自律就显得尤为重要。平台不应将监管治理的任务交给政府，而需要自觉监管、尽职尽责，完善审核与发布机制，从而促使武术移动短视频得到长足的发展。不断提升审核技术、加大审核力度，不能对平台乱象“睁一只眼、闭一只眼”，树立起行业自律，不断加强职业伦理道德自律，打造更完善的内容过滤体系。美国的行业协会在各领域制定的一些行业规则对各类网络参与主体起到了很好的约束作用。如在互联网发展早期美国计算机伦理协会所制定的“计算机伦理十戒”、美国计算机协会制定的“伦理与职业行为准则”、美国隐私在线联盟制定的“在线隐私指引”等。与此同时，平台也应该意识到，对于肩负公共职责的平台和机构而言，比流量更珍贵的是口碑，正确的价值观是立身之本，要有责任，更要有品味，不能奉行“只做技术、不问内容”的经营逻辑，这是为了实现商业利益舍弃社会效益，真正出于社会责任感来设计平台未来的发展道路。在平台获利的过程中，不能一味追求经济利益，应警惕繁荣浮华背后潜在的文化隐忧，坚持“内容为王”的导向，摒弃“流量为王”的理念，极力避免“商业逻辑”裹挟，主动克服博眼球的逐利心理，从而为武术移动短视频良好传播秩序的建立提供保证。

6.3.2.2 通过他律规避网络社会中武术移动短视频传播的伦理问题

需要政府相关部门的监管，正视其对武术这一中国传统文化符号所产生的影响，不留给心怀不轨之人浑水摸鱼的空间。2000 年 9 月 20 日，国务院颁布《互联网信息服务管理办法》，规定了针对互联网信息服务提供者的“九不准”和“七条底线”要求，是规范互联网信息服务活动的基础性规范。2018 年，国家网信办依据《互联网信息服务管理办法》《网络安全法》对快手、火山小视频等平台负责人进行约谈，并责令其立即下架相关有害问题内容。在行业规定层面，2017年中国网络视听节目服务协会发布《网络视听节目内容审核通则》，2019 年短视频在经历“疯狂”发展后，协会在此发布《网络短视频的内容审核标准细则》和《网络短视频平台管理规范》，相较于法律法规，细则和规范对于短视频的审核标准进行了更加细致的规定，但也存在执行标准不明确、效力等级低等缺点[①]。

制度必须直面矛盾、正视问题，为平台在监管时提供更多的法律依据，让武术移动短视频出现的伦理问题做到有法可依，从而产生强大的威慑力，更好地起到社会性监督的作用。武术移动短视频伦理问题的规避需要在规范制度方面探索有效形式，加快平台监管的立法步伐，尽快形成完善的政策体系，建立完整、系统、有效的法制体系，做到“事前预防、事中干预、事后追责”。厘清相应法律条文对相关伦理问题的界定，对违反伦理问题的现象予以坚决制止，对行为主体偏离常规的伦理状态进行矫正，从而更好地引导武术移动短视频行业的良性发展。主要体现在对于用户上传内容的审核，背后是相关法律规范制定的滞后。在具体实施过程中，可以从以下几点重点发力，从而更好地为武术移动短

①罗日明，刘岚涛，徐晓妍. 我国网络短视频的法律规制研究［J］. 法制博览，2019（17）：1–5.

视频的健康发展保驾护航。

①不断完善实名认证。有效推行实名制对加强网络社会中武术移动短视频的他律有着积极的意义，从而精确地找到问题的源头，并进行惩戒，推动内容监管的细化。通过手机号实名与移动短视频平台注册之间的交叉检验来强化实名制的约束程度，实现监督与行为责任可追溯①。在此基础上，对违反不同级别的上传者，施以相应的处理方法，以震慑内容制作者，并进而规范其制作行为。在武术移动短视频出现问题之时。在此基础上，推行“实名制+黑名单”制度，加大对违规用户的处罚力度，提高移动短视频发布者的“违规成本”，这具有重要的警示作用，以增强强制性的刚性约束。细化网络运营主体责任范畴细则，加大甄别网络不良信息的力度，有效保护网络社会中武术信息的安全。

②平台应针对内容的变现模式，做出规范和改进。时下，移动短视频平台主要针对移动短视频的播放量来计算变现，这体现出“重流量，轻质量”的文化传播理念。为此，各个平台要始终坚持武术主流价值观对算法推荐的主导，防止将利润作为平台的主要追求而忽略社会责任感，激励用户创造出更加优质的作品，进而构建合理的盈利模式。这要求平台对传播效果进行综合评估，合理利用经济利益的驱动作用，通过合法途径获取经济利益。借此形成良性的产业循环链，书写网媒担当。

③精准过滤，精准施策。好的服务并不只是给用户带来欢笑，还需要从伦理角度来思考平台运营，进行精准过滤，精准施策，使得武术移动短视频在良性的轨道内健康发展。在审核机制方面，要严格落实“先授权再传播”与“先审后播”的原则，优化智能把关机制，禁止虚假宣传、恶意诋毁、约架斗狠等不文明行为。在精准过滤方面，应建立归档武术敏感低俗词库，通过人工筛选和机器协助对敏感词汇进行排查，将涉及违禁的内容及时封锁在发布的源头，最大限度规避信息技术发展缺陷。同时，应组建“武术移动短视频专家委员会”，由专家学者参评，对相关内容在大众兴趣和公共利益之间作出综合考量，充分考虑传播内容的适当性，不能一味地迎合受众，保证内容的真实、准确和逻辑连

①彭波，张权. 中国互联网治理模式的形成及嬗变（1994—2019）［J］. 新闻与传播研究，2020，27（8）：44-65，127.

贯。其次，应优化和完善网络信息技术，强化应用技术管理创新，实现四个快速，即快速判析、快速介入、快速发布权威信息、快速扩大信息覆盖面。另外，当武术舆论问题出现之后，要及时进行舆论引导，及时纠正网民错误的武术价值观。对偏激互动和暴力互动进行源头控制和实时监管、对微情绪互动进行监控，防止武术社会舆论事件的发生，通过柔性的手段来引导武术移动短视频健康发展。提升强化了网络科技的人文关怀取向。

④充分发挥公民的监督权利。每个公民都拥有社会事件的知情权、表达权、监督权。有效的监督并非是束缚行业发展的枷锁，而是移动短视频行业健康向上发展的必要保证。畅通用户的投诉举报渠道，进一步优化投诉举报的界面，鼓励用户积极投诉举报违法违规的武术移动短视频，充分发挥多元主体的治理作用。重点打击伪武术大师招摇撞骗的行为，对蓄意中伤传统武术的内容进行举报，从而建立起多元的监督渠道，以弥补平台监管不到位的情况。同时，应降低举报门槛，增设武术移动短视频传播举报专用通道，通过一键举报等功能，建立全民监督的矩阵，从而监督武术移动短视频的创造者进行合理的创新，及时发现违规内容。为此，需要不断完善各种奖励制度，借助制度建立利益保障机制，并尽可能地纳入有法可依的轨道中去，从而形成较为完善的表彰机制。在用户应该主动以谴责、劝导、投诉等形式予以举报之时，给予网民外在利益，以正确看待和关照现代习武者的个人利益。建立奖励机制、提供一定的“制度红利”是一种催人向上的动力机制和激励机制，有助于提高网民克服武术伦理问题的参与意识，从而促使现代习武者更好地释放自身的能量。